高等职业院校
创新 创业
教育研究

黄鹂 ◎ 著

云南美术出版社

图书在版编目（CIP）数据

高等职业院校创新创业教育研究 / 黄鹂著 . -- 昆明：云南美术出版社，2024.9. -- ISBN 978-7-5489-5788-1

Ⅰ . G717.38

中国国家版本馆 CIP 数据核字第 2024ZB9778 号

责任编辑：方　帆
责任校对：赵异宝　温德辉
装帧设计：凤　涛

高等职业院校创新创业教育研究

黄鹂　著

出版发行：云南美术出版社（昆明市环城西路 609 号）
制版印刷：重庆新视野快速印务有限公司
开　　本：889mm×1194mm　1/16
印　　张：10.25
字　　数：250 千
版　　次：2024 年 9 月第 1 版
印　　次：2024 年 9 月第 1 次印刷
书　　号：ISBN 978-7-5489-5788-1
定　　价：68.00 元

前　言

随着全球经济环境的不断变化和科技的迅猛发展，创新与创业已经成为推动社会进步的关键力量。高等职业院校在这一背景下，作为培养专业技能人才的主要阵地，创新创业教育的重要性日益凸显。在当代社会，高等职业院校的任务已经不仅仅是传授学生专业知识和技能，更是培养具备创新精神和创业能力的复合型人才。这一转变背后，既有历史沿革的渊源，也离不开社会发展的内在需求。高等职业院校创新创业教育研究具有重要的政策和实践意义。它有助于提高学生的创新能力和就业竞争力，促进区域经济的发展和产业升级。通过本研究，我们希望为高等职业院校、政府和社会各界提供如何更好地推动创新创业教育的建议和方案，共同推动创新型社会的建设和可持续发展。

高等职业院校创新创业教育研究是一个备受关注的领域，它关注着如何培养学生的创新精神、创业意识和实际创业能力。随着社会和经济的不断发展，创新和创业已经成为推动国家和地区持续繁荣的重要引擎。高等职业院校在培养创新型人才和支持创业活动方面扮演着重要的角色。本书旨在深入探讨高等职业院校创新创业教育的理论、实践和政策，以期为这一领域的发展和改进提供有益的见解。我们将关注创新和创业教育的关键要素，包括课程设计、教育方法、学生支持和校企合作等方面。同时，我们还将研究创新创业教育在不同国家和文化背景下的实施情况，以了解不同环境下的最佳实践和挑战。

作者在写作本书的过程中，借鉴了许多前辈的研究成果，在此表示衷心的感谢。由于本书需要探究的层面比较深，作者对一些相关问题的研究不透彻，加之写作时间仓促，书中难免存在不妥和疏漏，恳请前辈、同行以及广大读者斧正。

目 录

第一章 高等职业院校创新创业教育的背景与重要性 ... 1
- 第一节 高等职业院校创新创业教育的历史渊源 ... 1
- 第二节 高等职业院校创新创业教育的概念与定义 ... 7
- 第三节 创新创业教育对高等职业院校的重要性 ... 12

第二章 高等职业院校创新创业教育的现状与挑战 ... 18
- 第一节 我国高等职业院校创新创业教育发展概况 ... 18
- 第二节 高等职业院校创新创业教育课程与实践项目 ... 23
- 第三节 高等职业院校创新创业教育师资队伍建设 ... 28
- 第四节 高等职业院校创新创业教育的成果与面临挑战 ... 33

第三章 高等职业院校创新创业教育的理论与模型 ... 39
- 第一节 教育理论在高等职业院校创新创业教育中的应用 ... 39
- 第二节 高等职业院校创新创业教育的理论模型与框架 ... 45
- 第三节 高等职业院校创新创业教育评估与质量保障 ... 49
- 第四节 高等职业院校创新创业教育的未来趋势 ... 53

第四章 高等职业院校创新创业教育的教育创新与实践 ... 57
- 第一节 教育创新与高等职业院校创新创业教育的关系 ... 57
- 第二节 创新创业教育的实践方法与策略 ... 62
- 第三节 高等职业院校创新创业教育中的教育科技应用 ... 67
- 第四节 跨学科合作与高等职业院校创新创业教育 ... 72

第五章 高等职业院校创新创业教育的实践项目与创业孵化器 ... 77
- 第一节 创新创业实践项目的设计与管理 ... 77
- 第二节 创业孵化器的建设与运营 ... 81
- 第三节 高等职业院校创新创业实践项目的学生体验 ... 86

第六章　高等职业院校创新创业教育的跨界合作 … 92
第一节　产业界与高等职业院校的合作模式 … 92
第二节　跨领域合作与创新创业教育 … 99
第三节　社会企业与高等职业院校创新创业教育 … 104
第四节　国际合作与高等职业院校创新创业教育 … 109

第七章　高等职业院校创新创业文化与价值观塑造 … 115
第一节　创新创业文化的建设与传承 … 115
第二节　创业家精神与价值观培养 … 120
第三节　创新创业文化对高等职业院校学生的影响 … 127
第四节　文化多样性与高等职业院校创新创业教育 … 133

第八章　高等职业院校创新创业教育的未来展望与发展策略 … 138
第一节　高等职业院校创新创业教育的未来趋势 … 138
第二节　政府政策与支持措施 … 144
第三节　高等职业院校创新创业教育的发展策略 … 151

参考文献 … 157

第一章 高等职业院校创新创业教育的背景与重要性

第一节 高等职业院校创新创业教育的历史渊源

一、高等职业院校创新创业教育的前期探索与发展

(一)职业院校的兴起

高等职业院校的兴起源于社会对人才需求的不断演进。随着经济的快速发展以及社会结构的变革,传统学科的人才无法满足多元化的用人需求。在这样的背景下,职业院校迅速崭露头角,成为培养实用型专业人才的主要阵地。

高等职业院校的兴起也与市场经济体制的深入推进密不可分。市场对技术工人和实用型专业人才的需求迅速增长,职业院校迅速调整课程结构,注重实用性和实践操作,以适应市场的需要。

在职业院校的兴起过程中,社会对于实际技能的认可起到了关键作用。普通高等学校虽然培养了许多理论型人才,但始终难以兼顾实际操作技能的训练。高等职业院校通过强化实践性教育,使学生在毕业后能够迅速适应工作环境,得到了社会的广泛认可。

高等职业院校的灵活性也是其兴起的重要原因。与普通高等学校相比,职业院校通常能更灵活地调整专业设置,紧密关注社会变化,及时调整课程以适应新兴行业的需求。这种灵活性使得职业院校更具时代性和适应性,从而吸引了更多学子和社会的关注。

高等职业院校的兴起是社会变革和经济发展的产物。在新时代背景下,这些学府通过专业实用的教育,不仅为社会提供了更为适应的专业人才,也为教育体制的创新和发展提供了新的路径。随着社会需求的不断变化,高等职业院校的发展势头将愈发迅猛,成为推动社会进步的不可或缺的力量。

(二)创新创业概念的引入

高等职业院校中创新创业概念的引入是适应时代发展和经济转型的必然产物。随着经济全球化、科技进步和社会变革的不断推进，传统的就业观念和教育模式已经不能满足时代的需求。高等职业院校引入创新创业概念，旨在培养学生具备创新思维、创业精神和实践能力，适应当今社会和经济的发展趋势。

高等职业院校引入创新创业概念是对当前经济形势和市场需求的深刻理解。随着经济结构调整和产业升级，传统产业面临着转型和升级的压力，新兴产业和创新型企业的崛起成为经济发展的新动力。为了适应这种变革，高等职业院校需要培养具备创新创业意识和能力的人才，为社会经济的发展提供强有力的支撑。

高等职业院校引入创新创业概念是对学生个人发展和职业规划的重视。传统的教育模式注重学生的理论知识和学科技能的培养，忽视了学生的创造力、创新能力和实践能力的培养。而创新创业概念的引入，则为学生提供了更广阔的发展空间和更多元化的职业选择，让他们在面对未来的挑战和机遇时能够游刃有余。

另一个重要原因是高等职业院校引入创新创业概念是对教育目标和教学理念的更新和升级。传统的教育模式以传授知识为主，重视学生的学科专业知识和技能的培养，而忽视了学生的创新能力、创业精神和实践能力的培养。创新创业概念的引入，则强调培养学生的创新意识、创业精神和实践能力，注重学生的全面发展和综合素质的提升，体现了教育的人才培养导向和社会责任意识。

高等职业院校引入创新创业概念也是对社会发展需求和国家战略调整的响应。当前，创新创业已成为全球经济发展的主要动力和战略支撑，各国都在大力推进创新创业政策和战略。为了适应国家和社会的发展需求，高等职业院校需要培养更多具有创新精神和实践能力的优秀人才，为国家经济的可持续发展和社会的长期繁荣做出积极贡献。

高等职业院校引入创新创业概念是适应时代发展和经济转型的必然选择。这不仅有利于适应经济和社会发展的新要求，也有利于促进学生个人发展和社会进步。高等职业院校应进一步加强创新创业教育的深化和实践，为学生的成长和社会的发展注入更多的活力和动力。

1. 创新与创业的定义与关系

创新与创业是相辅相成、紧密联系的概念。创新指的是对传统思维和方法的突破性改变，通过引入新的理念、技术或方法来实现更高效、更有价值的目标。创业则是将创新的理念付诸实践，通过创造性地组织和管理资源，开展商业活动，实现商业成功的过程。二者之间存在内在的关联，创新为创业提供了基础和动力，而创业则是创新得以实践和推广的途径。

高等职业院校在创新创业教育方面进行了前期探索与发展。学校通过优化课程设置，强调实践能力培养，为学生提供了更多创新创业的机会。这种实际操作的学习环境有助于激发学生的创新潜能，使其能够更好地将理论知识转化为实际应用。

学校积极培养学生的创新思维和团队协作能力。通过组织创新项目、团队合作等形式，学生在实际操作中不仅能够学到专业知识，更能够培养解决问题的能力和团队协作的精神。这种全面素质的培养有助于学生在创业过程中更好地应对各种挑战。

高等职业院校还注重学科交叉，培养学生的综合能力。在实际工作中，创新往往需要多学科的综合运用，而创业则需要对不同领域的综合理解。学校通过开设交叉学科课程，鼓励学生在学科之间进行融会贯通，从而更好地应对创新创业中的跨学科挑战。

在高等职业院校的前期探索中，还强调了实际行业的紧密联系。学校与实际产业界的合作，不仅为学生提供了更多实践机会，也使学校更了解实际行业的需求，更能够调整教育方向，使之更贴近市场。

高等职业院校在创新创业教育方面进行了前期的探索和发展。通过强调培养实践能力、创新思维，积极寻求跨学科融合以及与产业界的深度合作，使学校在培养学生创新创业能力方面取得了积极成果。这一探索不仅为培养更多实用型人才提供了经验，也为创新创业教育的未来发展奠定了基础。

2. 国际创新创业教育的先行经验

我国高等职业院校创新创业教育的前期探索与发展源于国际创新创业教育的先行经验。在全球范围内，职业教育一直是各国经济发展的支柱之一，而创新创业教育则在这一体系中迅速崛起，成为推动产业变革和人才培养的关键力量。国际上的先行经验体现在职业院校与企业密切合作的模式上。各国纷纷构建了校企合作平台，通过产学研结合，将课程设置与实际产业需求相贴合。这种紧密的合作关系使学生能够更好地了解行业内的创新动态，增强实际操作能力。例如，德国职业培训双元制度使学生在学校和企业间轮流实习，实现理论与实践的有机结合，为创新创业教育提供了深刻的借鉴。

国际创新创业教育的前期经验体现在培养学生创新思维和解决问题的能力上。与传统的知识传递不同，国外的创新创业教育更注重培养学生的创造性思维和团队协作能力。通过项目式学习和实践性任务，学生在解决实际问题的过程中培养了自主思考和创新能力。例如，美国的创业课程强调学生通过参与创造性的团队项目来锻炼解决问题的能力，使其在真实场景中培养创新创业的实际技能。

国际创新创业教育还在跨学科融合方面积累了丰富经验。创新不再受限于单一学科，而是强调多学科的融合与协同。国外一些成功的创新创业教育案例展示了不同专业背景的学生在团队中共同解决问题的能力。这种跨学科融合的教育模式能够培养学生的综合素养，使其更好地适应复杂多变的现实社会。

高等职业院校在创新创业教育的前期探索中受益于国际创新创业教育的先行经验。通过借鉴校企合作、培养创新思维和实施跨学科融合等方面的成功经验，高等职业院校得以更好地满足现代社会对创新创业人才的需求，推动了创新创业教育的深入发展。

二、高等职业院校创新创业教育的理论与实践的深度融合

高等职业院校创新创业教育的理论与实践的深度融合是提升教育质量和学生能力的重要途径。这种融合旨在将理论知识与实践技能相结合，促进学生全面发展，培养具备创新创业能力的人才。

深度融合意味着理论知识的灵活运用。教师应当将学科理论知识与实际案例相结合，通过案例分析、讨论等方式引导学生理解理论知识的实际应用，培养学生分析问题和解决问题的能力。

深度融合要求教学内容与实践项目相契合。教学内容应当紧密结合行业需求和市场趋势，设置

与实际情况相符合的实践项目，让学生在实践中掌握所学知识和技能，提高解决实际问题的能力。

深度融合还需要重视实践环节的设计与引导。教师应当精心设计实践活动，提供必要的指导和支持，让学生能够在实践中体验创新创业的过程，从而加深对理论知识的理解，并培养实际操作能力。

深度融合也需要注重教学方法和手段的创新。教师应当灵活运用多种教学方法，如案例教学、项目驱动式教学、实验探究等，激发学生的学习兴趣，促进其自主学习和探究精神的培养。

深度融合还需要与社会资源和企业合作密切结合。学校应当积极与企业、行业协会等建立合作关系，借助外部资源为学生提供实践机会和就业指导，让学生能够在实践中感受创新创业的氛围和要求，为未来的创业奠定基础。

深度融合还需要注重评价体系的建立与完善。评价体系应当综合考量学生的理论水平和实践能力，通过考试、项目报告、实践成果等多种方式对学生进行全面评价，激励学生积极参与实践活动，不断提升自己的创新创业能力。

高等职业院校创新创业教育的理论与实践的深度融合需要从教学内容、实践项目、教学方法、社会资源合作和评价体系等多个方面着手，旨在提升学生的综合能力和实践水平，培养具备创新创业精神的高素质人才。

（一）创新创业理论体系的建构

创新创业理论体系的建构基于对时代发展需求的深刻反思和理论总结。这一体系的构建涉及对创新和创业的深入理解，及其在高等职业院校教育中的融合运用。创新创业理论体系的建构源于对创新与创业的本质的深刻思考。创新被理解为对于传统观念、方法的颠覆和重新构建，是对社会、经济体系的积极贡献。而创业则是将创新付诸实践，通过组织和管理资源，开展商业活动，实现自身和社会价值的过程。这两者相辅相成，相互促进，构成了创新创业的理论基础。

高等职业院校创新创业教育的理论与实践的深度融合是创新创业理论体系建构的必然产物。理论的建构必须紧密结合实践，将理论知识与实际操作相结合，使学生在学习过程中能够更好地理解和运用创新创业理念。高等职业院校在教育实践中，注重将创新创业的理论内涵与实际案例相结合，使学生在实际项目中更好地应用理论知识，增强实践能力。

创新创业理论体系的建构需要注重跨学科的融合。创新和创业往往不局限于某一个学科领域，而是需要多学科的知识融合与交叉。高等职业院校在教学中应注重学科之间的协同配合，为学生提供跨学科的学习环境，培养综合素质，使其能够更好地适应复杂多变的实际创新创业环境。

高等职业院校创新创业教育的理论与实践的深度融合还需要紧密结合产业界需求。通过与企业的深度合作，学校能够更好地了解产业的需求，调整教育方向，使学生更好地适应市场。这种理论与实践相结合的方式，能够更好地培养学生的创新创业能力，使其毕业后更好地融入社会生产和创业活动。

创新创业理论体系的建构是对创新和创业本质的深刻理解和总结。在高等职业院校中，理论与实践的深度融合是推动创新创业教育的核心动力。通过对理论的深刻反思、跨学科的融合、与产业界的深度合作，高等职业院校在创新创业教育领域实现了理论与实践的有机统一，为培养创新创业人才提供了坚实的理论基础和实践支持。

(二)实践案例与成功经验

高等职业院校在创新创业教育的深度融合方面,通过一系列实践案例与成功经验,展现了理论与实践的有机结合。这种深度融合并非简单地灌输理论知识,而是通过实际操作和问题解决,培养学生创新思维和实践能力。

实践案例中职业院校注重将创新创业教育与产业需求相结合。通过与企业建立紧密的合作关系,使学生有机会参与真实项目,从而深刻理解产业运作和实际创新过程。在与一家先进制造企业的合作项目中,学生通过深入参与,不仅巩固了专业知识,还培养了团队协作和解决问题的实际能力。这种紧密的产业联系使得创新创业教育更加贴近实际,有力地推动了理论与实践的深度融合。

基于以往的成功经验,职业院校重视实践性任务和项目式学习,培养学生在解决实际问题时的创造性思维。通过参与创业团队或者实际创新项目,学生得以将理论知识迅速转化为实际技能。在一个模拟企业环境的实践项目中,学生需要面对市场、财务等多个方面的挑战与问题,促使他们在实际应用中形成更为全面和深刻的认识,实现了理论与实践的高度融合。

职业院校在深度融合中还需注重跨学科的交叉融合。通过将不同专业背景的学生组织在一起,共同解决复杂问题,促使学生从多个角度思考和解决问题。在一个创新设计项目中,工科、商科、艺术科等不同专业背景的学生共同组成的团队成功地打破了传统专业界限,形成了强大的创造性力量,体现了理论与实践在跨学科融合中的深度互动。

高等职业院校创新创业教育的理论与实践的深度融合体现在对产业需求的紧密关注、实践性任务的强调以及跨学科融合的实际实践上。通过这些实践案例与成功经验,职业院校不仅使学生深刻理解创新创业理论,更培养了他们在实际应用中发挥创造性思维和解决问题的实际能力,为培养适应现代社会需求的创新创业人才提供了有效路径。

(三)制度与政策的支持

高等职业院校创新创业教育的理论与实践深度融合,体现在制度与政策层面的支持上。理论与实践的深度融合,需要以政策为引领,构建有力的制度体系,促使理论指导实践,实践反哺理论,形成良性互动。这种深度融合体现在政策的制定、执行以及对实际运作的引导和支持。

制度与政策的深度融合需注重政策的灵活性。高等职业院校创新创业教育是一个快速变革的领域,政策应当具有灵活性,能够适应不同学科、不同领域的特殊需求。政策的灵活性既要兼顾全局性的原则,又需注重因地制宜,充分尊重学校的自主性,使其能够因地制宜地运用创新创业教育理论,更好地适应各个高校的实际情况。

政策需要贯彻实施,确保理论与实践的有效衔接。政策的实施要以具体的行动计划为支持,不仅要明确高等职业院校创新创业教育的总体目标,更需切实保障政策的全面贯彻。通过实施各项政策,使理论在实际操作中得到验证,反过来指导理论的优化和完善,实现理论与实践的良性循环。

政策的引导应强调实用性,使之更好地为高等职业院校创新创业教育的实践提供指导。政策的制定要着力解决实际问题,鼓励学校创新创业教育的实践尝试,推动实践的深入发展。政策引导下的实践,能够使理论更加贴近实际,反过来也能为政策提供更具针对性的调整建议,形成理论与实践的相辅相成的关系。

在深度融合中,政策的时效性是不可忽视的一点。创新创业教育领域发展迅速,需要政策的及时跟进与更新,以应对新的挑战和机遇。政策的时效性能够促使理论随着实际发展的需求不断完善和优化,使其更具指导性,更好地服务于高等职业院校创新创业教育的实践。

深度融合的关键在于政策与制度的贯彻和执行,政策的灵活性、实用性、时效性都对理论与实践的有效融合起到至关重要的作用。只有通过有力的政策支持,才能够实现高等职业院校创新创业教育理论与实践的有机统一,为培养更多适应时代需求的创新人才提供坚实基础。

第二节　高等职业院校创新创业教育的概念与定义

一、高等职业院校创新创业教育的概念

(一)创新创业教育的概念

创新创业教育是一种培养学生创新思维和创业能力的教育模式，强调将理论知识与实际操作相结合，培养学生面对未知挑战时的应变能力。这一教育概念起源于对传统教育体系的反思，旨在满足社会对于实用型、创新型人才的需求。

创新创业教育的概念首先强调创新思维。创新思维是指学生在面对问题和挑战时，能够超越传统思维框架，寻找创新的解决方案的一种思考方式。这种思维方式注重打破传统束缚，培养学生寻找新观点、新方法的能力，从而更好地适应复杂多变的社会环境。

创新创业教育强调创业能力的培养。创业能力包括组织和管理资源的能力、决策能力、团队协作能力等方面。创新创业教育不仅仅是培养学生创业的欲望，更是使其具备实际创业所需的各项能力。这种能力的培养旨在使学生在未来的职业生涯中能够灵活应对各种挑战，实现个人和社会的共同价值。

高等职业院校创新创业教育的概念界定与起源缘自对现代社会经济变革的回应。随着科技的飞速发展和市场需求的多样化，传统教育体系逐渐暴露出无法满足社会多元化需求的弊端。高等职业院校作为培养实用型人才的主要机构，开始重视创新创业教育的理念与实践。

高等职业院校创新创业教育的起源，与20世纪末21世纪初信息技术和全球化趋势的兴起密切相关。科技的飞速发展带来了产业结构的深刻变革，对人才提出了更高的要求。在这一背景下，高等职业院校开始审视传统教育体系的不足，探索如何更好地培养适应现代社会经济需要的人才。

创新创业教育的概念界定与起源还受到全球化的影响。全球化使得信息和资源的流动更为便利，也带来了更激烈的国际竞争。高等职业院校在这一背景下，需要培养更具国际竞争力的人才。创新创业教育因其强调实际操作和综合能力的培养而成为高等职业院校适应全球化竞争的一种重要手段。

创新创业教育的概念界定与起源是对传统教育模式的一种深刻反思，是高等职业院校积极探索适应时代需求的产物。通过强调创新思维、创业能力的培养，创新创业教育旨在培养实用型、适应性强的人才，使其能够更好地应对现代社会的复杂多变。

(二)国内外创新创业教育的起源

创新创业教育的起源可以追溯到19世纪末20世纪初的欧美国家。当时，工业革命带来了巨大的社会变革，人们开始意识到创新和创业对经济发展的重要性。在这一背景下，一些国家开始重视创新创业教育，致力于培养具有创新精神和创业能力的人才。

在美国，早期的创新创业教育主要集中在工程学院和商学院。工程学院培养学生的技术创新能力，而商学院则着重培养学生的商业头脑和创业精神。在20世纪初，美国的一些大学开始设立创业

中心和孵化器，为学生提供创业指导和资源支持。

在欧洲，德国的应用技术大学和瑞士的理工学院是早期注重创新创业教育的代表。这些学校注重理论与实践相结合，鼓励学生在学习过程中积极参与实验和研究，培养学生的创新思维和实践能力。

在亚洲国家，日本是推动创新创业教育的先行者之一。日本的一些大学和职业学校开始开设创新创业相关的课程和项目，鼓励学生积极参与创业实践，培养创业家精神和创新意识。

随着全球经济的发展和知识经济的兴起，创新创业教育逐渐成为各国教育政策的重要组成部分。近年来，以中国为代表的世界各新兴经济体也开始重视创新创业教育，加大对创新创业教育的投入和支持力度。中国的一些高等院校和科研机构积极开展创新创业教育，探索符合中国国情的创新创业教育模式和路径。

当前，随着全球经济的发展和知识经济的兴起，创新创业教育逐渐成为各国教育体系的重要组成部分，为培养创新人才和推动经济发展发挥着重要作用。

1. 国际创新创业教育的发展历程

国际创新创业教育的发展历程与高等职业院校创新创业教育的概念界定及起源密切相关。创新创业教育在国际范围内经历了漫长而丰富的历史，对于培养具有创新能力和创业精神的人才起到了积极推动作用。

国际创新创业教育的发展源远流长，早期聚焦于技术和工程领域的培养。20世纪初，技术学校兴起，强调实践与理论的结合，为工业发展提供了技术力量。而后，随着社会经济结构的转变，国际上对于创新创业的需求逐渐增加，创新创业教育的概念开始逐渐凸显。

高等职业院校创新创业教育的概念界定可追溯至国际创新创业教育的演进。在发达国家，大学创新创业教育注重培养学生的实际能力和创新思维。这一概念的起源可追溯至20世纪中期，当时世界范围内爆发的科技革命对于高等教育提出了新的要求。学界开始关注如何培养学生在掌握专业知识的基础上具备创新、创造和实际应用能力。

随着全球化的加速推进，国际创新创业教育不断拓展其范围。从最初的技术和工程领域扩展到商业、社会科学、艺术等多个领域。这种全方位的创新创业教育概念逐渐被引入高等职业院校，为学生提供更广阔的发展空间。

高等职业院校创新创业教育的起源则可以追溯到对产业与职业需求的敏感洞察。在社会对多元化人才的需求日益增加的背景下，职业院校开始积极响应，通过与企业的紧密合作、开设相关创新创业课程等方式，逐步构建起创新创业教育的体系。

国际创新创业教育的发展历程为高等职业院校创新创业教育的概念界定与起源提供了有力的支持。这种概念的形成并非独立于社会经济的发展，而是与国际创新创业教育理念的演变相互交织，为培养适应现代社会需求的创新创业人才奠定了理论和实践基础。

2. 中国高等职业院校创新创业教育的初步尝试

中国高等职业院校创新创业教育的初步尝试源于对当代职业人才培养需求的认知，以及国家创新驱动发展战略的推动。这一概念的界定涌现于对职业教育发展方向的深刻思考，旨在激发学生的创新精神和创业能力，以适应快速变化的社会经济环境。

高等职业院校创新创业教育的初步尝试可追溯到对社会需求的敏感性。随着科技进步和产业升级，社会对具备创新能力和创业意识的人才的需求日益迫切。高等职业院校作为培养应用型专业人才的主要阵地，迎合了社会对更具创新创业素养人才的需求，逐渐形成了创新创业教育的初步探索。

中国高等职业院校创新创业教育概念的起源还在于国家对创新驱动发展战略的提出。面对日益激烈的全球竞争，中国政府意识到创新是引领国家发展的关键。为了更好地适应创新型社会的要求，高等职业院校开始在培养学生创新能力和创业精神方面进行有计划的尝试，以积极响应国家创新战略的号召。

在这个背景下，高等职业院校创新创业教育的概念逐渐被界定。它不仅仅是一种课程设置或教学模式的更替，更是对传统职业教育理念的深刻反思。创新创业教育要求教育者更加注重培养学生的创新思维和实际操作能力，强调在实践中培养学生的创业意识和创新能力。

高等职业院校创新创业教育的初步尝试具有明显的实践导向。它不仅关注知识的传授，更注重学生的动手能力和实际问题解决能力。通过创新创业教育，学生可以在实践中学习并运用知识，锻炼解决实际问题的能力，使得所学知识更具实用性。

中国高等职业院校创新创业教育的初步尝试是在深刻认识社会需求和国家战略背景下的自觉探索。它是对传统职业教育模式的一种创新和突破，以期培养更符合时代要求的应用型专业人才。随着社会的不断变迁和发展，高等职业院校创新创业教育的概念将不断拓展和丰富，为培养更多具备创新创业能力的人才提供理论和实践的支持。

二、高等职业院校创新创业教育的定义

(一)创新创业教育的内涵

创新创业教育的概念演进是一个与时代发展相互交织的过程，经历了从狭窄到广泛、从理论到实践的不断扩展。高等职业院校创新创业教育的定义演进与内涵拓展体现了社会对人才培养需求的深刻认识与高等职业教育机构对教育任务的持续反思。

初期阶段，创新创业教育的定义主要集中于理论层面，强调培养学生创新创业的思维方式。在这个阶段，创新创业教育被视为一种培养学生创造力、思维灵活性的方式，注重学科知识与创新思维的结合。这一概念在实践中较为狭隘，缺乏对实际创业操作的深入关注。

随着社会经济的发展，创新创业教育的定义逐渐演进为更加注重实践应用的理念。在这个阶段，高等职业院校开始强调将学科知识与实际操作相结合，注重学生在实际创业项目中的实践经验。这一演进反映了社会对实际操作能力的强烈需求，使创新创业教育更加符合职业实践的要求。

近年来，创新创业教育的定义进一步拓展，不再局限于培养创新思维和创业实践能力。高等职业院校开始更加强调培养学生的综合素质，包括团队协作、沟通能力等。创新创业教育的内涵拓展至跨学科、跨行业、跨文化的多维度培养，旨在培养更具综合素质、适应力强的实用型人才。

创新创业教育的定义演进也体现在对创业理念的重新认知上。不再仅仅强调传统商业模式的创业，而是包括社会创业、科技创业等多元化创业形式。这种多元化的创业理念拓展了创新创业教育

的范畴，使其更贴近社会发展的多样化需求。

高等职业院校创新创业教育的定义演进与内涵拓展是对社会发展需求的积极响应。从理论层面到实践层面，从单一领域到多维度培养，再到多元化的创业理念，创新创业教育在不断演进中更好地适应了时代的变化。这一演进不仅拓宽了创新创业教育的内涵，也为高等职业院校更好地培养适应社会需求的实用型人才提供了更丰富的理论支持和实践路径。

(二)高等职业院校创新创业教育的内涵

高等职业院校创新创业教育的内涵在定义演进中经历了不断拓展和深化的过程。创新创业教育作为一种关键的教育理念，其定义不仅包含了对于创业的传统理解，还包括对创新、实践和跨学科融合的广泛认知，为培养适应现代社会需求的创新创业人才提供了多层面的支持。

最初，高等职业院校创新创业教育的定义主要关注在学生中培养创业精神和实际创业能力。这种定义更加强调创业行为的培养，侧重于学生将创意转化为实际业务的能力。随着社会经济的快速发展，对人才的需求变得更为复杂，创新创业教育的定义也随之发生了演变。

随着时代变迁，高等职业院校创新创业教育的定义逐渐拓展到了更广泛的领域。除了传统的创业教育，对创新能力的培养也成为定义中的关键要素。学校逐渐认识到，创新不仅仅是创业的前提，更是一种跨越学科界限的思维方式，能够在各个领域发挥重要作用。创新创业教育的内涵逐渐涵盖了培养学生的创新思维和解决问题的综合能力。

内涵拓展还体现在实践性和跨学科融合方面。高等职业院校开始更加注重通过实际项目、实习和企业合作等方式，将理论知识与实际经验相结合，使学生在实际操作中培养创新创业的实际技能。创新创业教育也更加强调跨学科的融合，鼓励不同专业背景的学生合作解决问题，促使学生在多元化的环境中形成创新的力量。

高等职业院校创新创业教育的内涵在定义演进中逐渐拓展至创业能力、创新思维、实践经验以及跨学科融合等多个层面。这种全面性的定义使得创新创业教育更好地适应了社会经济的发展需求，为培养具备综合素养的创新创业人才提供了更为全面的支持。

(三)创新创业教育与社会需求的契合

高等职业院校创新创业教育的定义经历了演进与内涵拓展的过程，其内在蕴含和外延范围逐渐拓宽，与社会需求的契合日益强化。这一演进既是对社会需求的回应，也是对职业教育使命的更深层次理解。

创新创业教育最初被定义为一种教学模式，注重培养学生的创新能力和创业精神。随着社会经济的不断变革和产业结构的调整，对人才的需求也发生了深刻变化。这促使高等职业院校创新创业教育的定义逐渐演变为一种更加广泛的人才培养模式，强调学生的实际操作能力和解决问题的能力。

在内涵拓展方面，创新创业教育不再局限于传统的专业知识传授，更强调培养学生的团队协作、跨学科思维和实际应用能力。这使得创新创业教育的定义更为丰富，不再仅仅是技术创新和商业创业，还包括社会创新和公益创业等多个层面。

创新创业教育越来越注重学生的个体发展，更加关注其综合素养的培养。这一演进体现在对学生创新思维、团队协作、跨文化沟通等方面的要求上，旨在培养更具有全球竞争力的人才。

与此创新创业教育的定义在外延范围上也得到了拓宽。原本仅局限于高等职业院校内部，如今逐渐涵盖了与产业、社会和国家战略等多方面的紧密结合。这一拓展使创新创业教育更具有社会影响力，为产业发展和社会进步做出更为积极的贡献。

高等职业院校创新创业教育的定义经历了从教学模式到人才培养模式，从技术创新到社会创新，从学科内部到与产业、社会的全方位融合的演进与内涵拓展。这一过程体现了对社会需求的深刻理解和对教育使命的透彻认识，也是对培养更全面人才的不懈努力。

第三节 创新创业教育对高等职业院校的重要性

一、促进高等职业院校教育体系的更新与学科融合

(一)教育体系的转型需求

教育体系的转型需求根植于现代社会对人才需求的深刻变化。随着科技的迅猛发展和社会结构的转变，传统的教育模式逐渐显得滞后。高等职业院校教育体系的更新与学科融合是应对这一挑战的关键步骤。

教育体系的转型需求首先来源于社会对多层次、复合型人才的需求。传统教育体系注重专业知识的传授，而现代社会要求人才不仅要具备专业深度，还要具备跨学科的综合素质。高等职业院校的教育体系需要更加注重学科融合，培养学生在多个领域中的适应能力。

教育体系的转型需求源于科技进步对职业需求的快速变化。随着科技的不断发展，新兴行业涌现，传统职业面临淘汰。高等职业院校的教育体系需要灵活应对这种变化，通过更新课程、拓宽学科设置，使学生能够更好地适应未来职业市场的需求。

教育体系的转型还反映了社会对实际操作能力的更高期望。传统教育体系注重理论知识的灌输，而社会更加关注学生是否能够将理论知识应用于实际工作中。高等职业院校的教育体系需要更加注重实践能力的培养，使学生具备更强的实际操作技能。

教育体系的转型也反映了全球化对人才素质的新要求。在全球化背景下，国际化的视野和跨文化的能力成为人才的重要素质。高等职业院校的教育体系需要更新，强化国际化视野的培养，使学生具备更强的跨文化沟通和合作能力。

学科融合成为教育体系更新的关键。传统的学科划分逐渐无法满足现代社会的需求，高等职业院校需要打破学科壁垒，推动学科融合。这包括交叉学科的课程设置、推进跨学科研究等方面。学科融合有助于培养学生更为全面的素质，提升其在实际工作中的适应性和竞争力。

教育体系的转型需求是社会对人才培养的新期望的体现。高等职业院校的教育体系更新与学科融合是适应这一需求的关键步骤。只有通过不断调整教育体系，培养更适应社会发展需求的实用型人才，高等职业院校才能在激烈的竞争中脱颖而出，为社会提供更优秀的人才资源。

(二)学科融合与跨领域培养

高等职业院校的教育体系必须适应日益复杂和快速变化的社会需求，学科融合与跨领域培养成为应对这一挑战的重要路径。学科融合旨在打破传统学科之间的壁垒，促进不同学科之间的交叉融合和合作，以培养具备跨学科知识和技能的学生。

学科融合能够促进知识的整合和创新。通过将不同学科的知识进行交叉融合，学生可以更好地理解知识之间的联系和相互作用，培养综合运用知识解决问题的能力，激发创新思维和创造力。

学科融合有助于培养学生的综合素养和跨领域能力。在跨学科的学习环境中，学生将接触到多样化的知识和技能，掌握跨学科思考和交流的能力，培养批判性思维、沟通能力和团队合作精神，提高应对复杂问题的能力。

学科融合有助于满足社会和行业的需求。随着社会的发展和科技的进步，越来越多的问题涉及多个学科领域，需要跨学科的解决方案。通过学科融合培养出的人才能够更好地适应社会和行业的需求，为社会和经济发展做出积极贡献。

学科融合也为教育体系带来了挑战和机遇。学校需要重新审视课程设置和教学模式，调整教学资源和师资队伍，加强学科之间的交流和合作，以构建一个促进学科融合的良好环境。

学科融合与跨领域培养是高等职业院校教育体系发展的必然趋势，它有助于促进知识整合和创新、培养学生的综合素养和跨领域能力，满足社会和行业的需求，同时也为教育体系的创新和发展提供了新的机遇和挑战。

1. 创新创业教育对学科融合的要求

创新创业教育对学科融合的要求在高等职业院校的教育体系更新中显得尤为重要。传统的学科划分逐渐无法满足复杂多变的社会需求，创新创业教育迫切需要一种更加融合的学科体系，以培养学生更全面的综合素养和创新能力。高等职业院校教育体系的更新首先表现在对学科划分的重新审视。传统的学科划分使得知识在相对孤立的领域中发展，而创新创业所需的能力却往往涉及多个学科。高等职业院校开始强调跨学科的融合，鼓励不同学科的教师和学生共同参与创新创业项目，实现知识的无缝连接。

创新创业教育要求学科融合的背后，是对综合素养的全新定义。学科融合不仅仅是将不同学科的知识拼凑在一起，更是要求学生能够在多学科的交叉领域中有所建树。高等职业院校在教育体系更新中需要更加注重培养学生的创新思维、问题解决能力以及对多学科知识的综合运用能力。

创新创业教育对学科融合的要求促使高等职业院校更新课程设置。传统的学科专业设置往往是单一的，而创新创业的要求更倾向于培养既懂技术、又懂经营、艺术的复合型人才。高等职业院校需要调整课程架构，增设跨学科的创新创业课程，使学生在不同领域中都能够获取知识，拓宽视野。

学科融合的要求还推动了高等职业院校科研体系的更新。传统的科研模式往往以学科为单位，而创新创业的项目往往需要跨学科的团队协作。高等职业院校需要调整科研体系的设置，鼓励不同学科的研究人员开展联合研究，形成更加具有创新力的科研团队。

创新创业教育对学科融合的要求驱动着高等职业院校教育体系的更新。这种更新体现在对学科划分的重新审视、对学科融合的全新定义、对综合素养的培养、课程设置的调整以及科研体系的更新等多个层面。通过这样的更新，高等职业院校得以更好地满足社会对创新创业人才的需求，为学生提供更为全面的教育体验。

2. 跨学科培养的优势与必要性

高等职业院校教育体系的更新与学科融合是应对复杂多变社会需求的迫切需求。跨学科培养在这一背景下凸显了其优势与必要性。

跨学科培养的优势在于拓展学生的知识广度。传统学科划分常使学生陷于狭窄的专业领域，而跨学科培养能够打破学科壁垒，使学生涉猎更广泛的知识领域。这有助于培养学生更为全面的视野，提升他们对复杂问题的理解和解决能力。

跨学科培养有助于培养学生的综合能力。在实际问题解决中，往往需要多方面的知识和技能协同合作。跨学科培养能够锻炼学生的团队协作、跨文化交流、问题分析与解决等综合能力，使其更适应未来职业的多样性和复杂性。

跨学科培养还能够激发学生的创新精神。不同学科的交叉融合往往产生新的思维方式和方法，能够激发学生对问题的独特见解，培养他们的创造力和创新思维，为未来创业和创新提供更加坚实的基础。

跨学科培养也符合当前社会对复合型人才的需求。复合型人才能够更好地适应社会的多元化和高度复杂性，具备更强的适应性和灵活性。跨学科培养使学生在多个学科领域获得扎实的知识基础，培养出更具综合素养的人才。

在高等职业院校中，教育体系的更新与学科融合是必然的趋势。由于职业教育的应用导向，学科之间的交叉应用更为频繁。学科融合能够打破传统学科的条条框框，更好地满足实际职业需求。通过将不同学科进行融合，能够更好地整合相关专业知识，为学生提供更为实用和全面的学科体验。

更新教育体系和推行学科融合有助于实现职业教育的目标，培养更符合现代产业需求的人才。学科融合不仅能够提高学生的综合素养，更能够培养具备多领域知识的实用型人才，使其能够更容易适应社会的快速变化，更有竞争力。

高等职业院校教育体系的更新与学科融合以及跨学科培养的优势与必要性密切相关。这不仅有助于提高学生的知识广度和综合能力，更有利于满足职业市场的需求，培养更适应社会发展的复合型人才。在教育体系不断更新的过程中，学科融合和跨学科培养将更好地服务于高等职业院校的教育使命。

高等职业院校教育体系中跨学科培养具有极其重要的必要性。这一必要性体现在多个方面。跨学科培养能够帮助学生拓宽学科视野，促进知识的交叉融合与创新。这种融合有助于学生更全面地理解问题，提升问题解决能力。跨学科培养有助于学生发展综合能力和解决复杂问题的能力。现实世界中的问题往往不局限于单一学科范畴，而是涉及多个学科。跨学科培养能够使学生具备综合思考和综合解决问题的能力，更好地适应复杂多变的社会环境。

跨学科培养有助于培养学生的创新精神和创造力。不同学科之间的交叉融合往往能够产生新的思维和新的观点，激发学生的创新潜能。跨学科培养能够促使学生跳出学科的束缚，勇于探索新的领域，挑战传统的思维模式，从而推动创新发展。

跨学科培养有助于满足多元化的职业需求和社会发展需求。随着社会经济的不断发展，人才需求也越来越多样化和多元化。跨学科培养能够培养出具备多种技能和知识的复合型人才，更好地适应不同行业和职业的需求，增强就业竞争力。

跨学科培养有助于培养学生的团队合作和沟通能力。在现实工作中，团队合作和良好的沟通能力是非常重要的。跨学科培养能够让学生从不同学科的角度出发，更好地与来自不同背景的人合作，提高团队协作的效率和质量。

跨学科培养在高等职业院校教育体系中具有不可忽视的重要性。它不仅有助于学生拓宽学科视野，发展综合能力和解决问题的能力，还能够培养学生的创新精神和创造力，满足多元化的职业需求和社会发展需求，同时提升学生的团队合作和沟通能力。跨学科培养将为学生的综合发展和未来职业发展提供重要支撑和保障。高等职业院校教育体系中跨学科培养的优势是显而易见的。跨学科培养突破了传统学科的界限，强调不同学科之间的交叉融合与合作，为学生提供了更加丰富和多样化的学习体验，具有以下几个重要优势。

一、跨学科培养有利于拓展学生的知识面和视野。通过跨学科的学习和研究，学生可以接触到来自不同学科领域的知识和理念，了解不同学科的关联和互动，拓展自己的知识边界和认知范围，提高综合素养和跨学科思维能力。

二、跨学科培养有助于培养学生的创新能力和解决问题的能力。跨学科的学习过程往往需要学生跨越不同学科的边界，整合和运用各种学科知识和技能来解决实际问题。这种学习方式能够培养学生的创造性思维和批判性思维，提高他们的问题解决能力和创新意识。

三、跨学科培养有助于培养学生的团队合作和沟通能力。跨学科项目往往需要学生在跨学科团队中合作完成任务，这要求学生具备良好的团队合作能力和沟通能力，能够有效地与不同学科背景的人合作，协调资源、分工合作，共同实现项目目标。

四、跨学科培养有助于提升学生的就业竞争力和适应能力。在当今社会，跨学科的人才更受到社会和企业的青睐，因为他们具备多样化的知识和技能，能够适应快速变化的社会和经济环境，具有更强的应变能力和创新能力，更具备应对未来挑战的能力。

五、跨学科培养有助于推动学科交叉和学术创新的发展。通过跨学科的合作和交流，学科的边界变得模糊，学科之间的交叉融合促进了学科创新和学术进步，为学术界带来了更多的创新思路和研究方法，推动了学科交叉和学术创新的发展。

高等职业院校教育体系中跨学科培养的优势是显著的。它不仅有助于拓展学生的知识面和视野，培养学生的创新能力和解决问题的能力，还能提升学生的团队合作和沟通能力，增强他们的就业竞争力和适应能力，同时推动学科交叉和学术创新的发展。跨学科培养应成为高等职业院校教育体系中的重要组成部分，为学生的综合发展和未来职业发展提供更广阔的空间和更丰富的选择。

二、实现高等职业院校就业与社会需求的匹配

(一)适应变革的就业市场

当前，就业市场正在经历深刻的变革，在这样的情况下，高等职业院校的就业与社会需求的匹配至关重要。在全球化、科技进步和经济结构调整的大背景下，高等职业院校需要不断调整自身定位，使教育与就业需求更好地匹配。

适应变革的就业市场需要高等职业院校更加注重跨学科和综合能力的培养。传统的职业教育往往偏重专业技能的传授，而新兴的就业市场更加看重综合能力。高等职业院校应当在教育中注重学科的融合，培养学生在不同领域的综合能力，使其更具适应性和灵活性。

变革中的就业市场要求高等职业院校更加关注创新创业教育。创新和创业成为新时代就业的核心需求，高等职业院校应当强化学生的创新思维和创业能力的培养，使其能够在竞争激烈的就业市场中脱颖而出。创新创业教育不仅仅是一种理论体系的传递，更需要在实践中培养学生解决问题的能力。

适应变革的就业市场还要求高等职业院校更加关注国际化教育。随着全球化的深入发展，国际化的视野和跨文化沟通能力成为人才的重要素质。高等职业院校应当通过国际化的课程设置、国际交流项目等方式，培养学生具备更强的国际竞争力。

变革中的就业市场也对高等职业院校提出更高要求的实际操作能力。传统的职业教育过于理论化，缺乏实际操作经验。适应变革的就业市场需要高等职业院校更加注重实践能力的培养，使学生能够更好地适应工作环境，更好地解决实际问题。

适应变革的就业市场需要高等职业院校更加紧密地与行业合作。高等职业院校应当通过与行业的深度合作，了解行业发展趋势，调整课程设置，使教育更加符合行业需求。这种紧密合作有助于高等职业院校更好地为社会提供符合实际用人需求的人才。

高等职业院校应当通过调整教育体系、强化创新创业教育、注重国际化视野、提升实际操作能力，以及深度与行业合作等方式，适应变革中的就业市场，使教育与社会需求更好地匹配。只有紧跟时代潮流，灵活调整教育模式，高等职业院校才能更好地为社会提供优秀的、适应性强的人才。

(二)创业文化的培育

高等职业院校致力于培育创业文化，以更好地匹配学生就业和社会需求。创业文化的培育不仅关系到学生的创业能力，更是高等职业院校积极响应社会变革、促进产业升级的重要举措。

创业文化的培育从校园文化的构建入手。学校需要倡导积极向上的文化氛围，鼓励学生敢于创新、勇于尝试。通过各类活动、讲座、展览等形式，使创业理念贯穿于校园生活的方方面面，激发学生对创业的浓厚兴趣。

高等职业院校需要加强对学生的创业教育。课程设置要更贴合实际创业需求，突出实践性和团队合作，培养学生的创新思维和创业能力。引入创业导师制度，使学生在创业实践中得到有效指导，同时培养师资队伍的创业教育意识。

创业文化的培育需要结合实际产业需求。学校与企业建立紧密联系，引入实际项目，使学生在实际的商业环境中学习。这种与企业的深度合作不仅为学生提供了实际经验，也帮助学校更好地理解产业需求，为创业文化的培育提供实际支持。

社会创业需求的匹配需要高等职业院校注重对行业趋势的洞察。学校要密切关注产业升级、技术创新等方面的动态，调整课程设置，培养适应未来职业市场的创业人才。创业文化的培育要与时俱进，与社会需求保持紧密的互动关系。

高等职业院校要强化学生的实际创业经验。提供创业基地、孵化器等平台，让学生有机会将创业理念转化为实际行动。这种实际经验不仅丰富了学生的视野履历，也增强了他们在创业领域的实践能力。

创业文化的培育要与社会产业结构的变革相适应。学校需要灵活调整创业文化的培育策略，以适应不同行业的创新需求。对于新兴产业，学校可以更加注重技术创新和科技创业；对于传统产业，注重创新管理和市场创业。

高等职业院校创业文化的培育与学生就业和社会需求的匹配息息相关。通过校园文化的构建、创业教育的加强、与企业的深度合作以及与时俱进的调整，高等职业院校能够更好地培养适应社会需求的创业人才，为学生创业提供更加有力的支持。

(三)社会责任与可持续发展

高等职业院校在社会责任与可持续发展方面的表现直接关系到其就业与社会需求的匹配。这种匹配不仅关乎学校的社会形象，更涉及学生未来的职业发展和社会可持续性的推进。高等职业院校的社会责任体现在对学生全面发展的关注上。学校应当致力于培养学生的综合素质，包括职业技能、人际交往、创新能力等多个方面。通过开展丰富的课外活动、社会实践和实习实训等方式，学生得以全方位、多层次地提升自身素养，以更好地适应社会的变化和需求。

因此，高等职业院校要关注可持续发展的理念，将社会责任融入教育体系。学校需要教育学生具备可持续思维，关注社会、环境和经济的协调发展。通过引导学生参与社会公益活动、开展绿色创新项目等方式，培养他们对社会可持续性的认知，为未来从事职业时注入责任感。

在就业与社会需求的匹配中，高等职业院校应主动了解社会需求的变化，及时调整专业设置和课程体系。学校要密切与行业、企业沟通，了解行业的最新动态和用人需求，以便更好地为学生提供符合市场需求的培养方案。学校还应引导学生关注社会热点，培养他们关注时事、敢于创新的精神，使其具备适应未来职业市场的竞争力。

高等职业院校还应激发学生的创业意识，培养他们成为未来社会的创新者和领导者。通过创业实践、创新创业教育的开展，学校能够帮助学生树立创新精神，培养创业能力，使其更好地适应社会创新驱动的发展趋势。

在社会责任与可持续发展方面，高等职业院校还应发挥其在地方社会中的作用。学校可以积极参与社区服务，推动当地社会的可持续发展，为社区提供专业技术支持，推动产业升级，促进社会的和谐与稳定。

高等职业院校在社会责任与可持续发展方面的努力直接影响到学校就业与社会需求的匹配。通过全面培养学生的素质，关注社会责任，引导创新创业，积极参与社区服务等方面的努力，高等职业院校能够更好地服务社会，为学生提供更广阔的职业发展空间。

第二章 高等职业院校创新创业教育的现状与挑战

第一节 我国高等职业院校创新创业教育发展概况

一、我国高等职业院校创新创业教育发展历程

（一）初始阶段的探索与试验

我国高等职业院校创新创业教育的发展历程起源于改革开放初期，经历了探索与试验的阶段，并在政策层面得到了积极支持。

改革开放初期，我国高等教育开始转型，逐渐注重培养实用型人才。在这一背景下，创新创业教育逐渐引入高等职业院校，成为培养学生创新精神和实际操作能力的重要手段。初期的探索主要集中在调整课程设置，强化实践环节，提高学生的综合素质。

随着时代的发展，创新创业教育逐渐受到重视。政府相关部门纷纷出台政策，推动高等职业院校创新创业教育的深入发展。2009年，国务院发布《关于深化高等学校创新创业教育改革的实施意见》，明确提出要推动高等职业院校创新创业教育，培养更多的创新型和实用型人才。

在政策的推动下，高等职业院校的创新创业教育逐渐步入正轨。政府加大对创新创业教育项目的资金支持，鼓励高等职业院校积极申请和参与各类创新创业项目。政府还出台了一系列扶持政策，如降低创业税收、提供创新创业贷款等，为学生创业提供更多的支持。

除了政府的支持，高等职业院校还积极开展创新创业教育的探索与试验。一些先进的高校开始引入企业导师，将实际项目融入课程，提高学生的实际操作能力。一些高校还与企业建立了紧密的合作关系，通过校企合作的方式，提供更多实践机会，使学生更好地融入实际工作中。

在过去的几十年中，我国高等职业院校创新创业教育发展经历了从初期的探索与试验到逐步规范和政策支持的阶段。在政府的政策引导下，高校不断完善创新创业教育体系，为培养更多的实用型、创新型人才提供了有力支持。随着时代的不断发展，相信我国高等职业院校创新创业教育将在政策的推动下不断完善，为培养更多适应社会需求的人才贡献更大力量。

(二)国家政策的关键引导

1. 创新创业教育纳入国家战略的背景

我国高等职业院校创新创业教育纳入国家战略,是在国家发展需求和产业升级的背景下逐步形成的。这一发展历程与政策支持密不可分,反映了国家对于培养创新创业人才的战略性重视。

在我国,高等职业院校创新创业教育的发展历程可以追溯到改革开放初期。随着国家经济转型和产业结构调整,对创新创业人才的需求逐渐增大。高等职业院校开始加强对学生实际技能和创新思维的培养,以适应社会对多元化人才的需求。

随着我国经济逐渐进入高速发展阶段,对创新创业人才的需求进一步凸显。国家开始将创新创业教育纳入国家战略,强调培养具有创新意识和创业能力的复合型人才。相关政策逐渐出台,高等职业院校创新创业教育进入了快速发展的阶段。

政府鼓励创新创业教育的政策支持主要体现在以下几个方面。政府出台一系列创业扶持政策,为创新创业项目提供资金和税收支持,鼓励高等职业院校与企业合作开展实际项目。政府加大对创新创业教育的投入,设立专项基金用于推动高等职业院校的创新创业教育。这种政策支持旨在提高学校开展创新创业教育的积极性和水平。

国家提出了一系列发展战略,明确高等职业院校创新创业教育的重要地位。政府鼓励学校通过调整专业设置、优化课程结构等方式,更好地培养学生的创新创业能力。政府还鼓励高等职业院校与产业深度合作,促进创新创业教育与实际产业需求的有效对接。

国家在人才培养体系方面也进行了不少创新。政府支持高等职业院校加强与企业的合作,鼓励学生参与实际项目,提高实际操作能力。强调跨学科的融合,促使学生能够在多领域中灵活应对问题。

我国高等职业院校创新创业教育纳入国家战略是在国家发展需求和产业升级的背景下逐步形成的。政策支持的提出和国家发展战略的明确使得高等职业院校在创新创业教育领域迎来了重要的发展机遇。这一过程体现了我国对创新创业人才培养的高度重视,为高等职业院校创新创业教育的不断发展提供了有力保障。

2. 创新创业政策体系的建立与调整

我国高等职业院校创新创业教育发展历程伴随着创新创业政策体系的建立与调整,经历了多个阶段的探索和完善。这一过程中,政府出台的一系列政策措施为高等职业院校创新创业教育的发展提供了有力的支持。我国高等职业院校创新创业教育的发展始于改革开放初期。20世纪80年代末90年代初,我国开始推行高等职业院校创业教育试点项目,旨在培养适应市场经济需求的应用型人才。政府对这些试点项目提供了资金支持和政策倾斜,为创新创业教育的初步探索奠定了基础。

随着社会经济的不断发展,我国高等职业院校创新创业教育进入了新的发展阶段。政府相继出台了一系列支持创新创业的政策文件,强调了创新创业教育在高等职业院校中的重要性。政策体系逐渐形成,包括了对创业项目的资金支持、创新创业团队的培养、科技成果转化等方面的政策措施。这一时期,政府的政策支持使得高等职业院校创新创业教育的发展进入了一个新的阶段。

随着时代的发展,我国社会经济结构发生了深刻变化,创新创业领域面临着新的挑战和机遇。政府为了更好地适应新形势，开始进行创新创业政策体系的调整。这一调整主要体现在对创新创业项目的评估机制、创新人才培养的导向性政策等方面的调整。政府逐渐注重培养具备更强实际创新能力的人才，强调创新创业教育的实效性。

近年来，我国高等职业院校创新创业教育的政策体系呈现出更加多元化的趋势。政府加大对创新创业教育的资金投入，同时鼓励高校与企业、科研机构等开展更深层次的合作。政策体系的多元化旨在更好地促进创新创业教育与实际产业需求的对接，培养更具实际应用能力的创新人才。

我国高等职业院校创新创业教育发展历程与政策支持经历了不断的探索与调整。政府出台的一系列政策措施为高等职业院校创新创业教育的不断发展提供了坚实的支持，为培养更多具备创新能力的人才提供了有力的政策引导。随着时代的发展，政策体系也在不断调整中不断完善，以更好地适应新的社会经济发展需求。

二、我国高等职业院校创新创业教育实践

(一)创新创业教育体系的构建

我国高等职业院校在创新创业教育方面进行了深入的实践探索，形成了一系列独具优势的特色，构建了创新创业教育体系。

高等职业院校注重实际操作，强调理论与实践的紧密结合。创新创业教育体系的构建中，高等职业院校将实际操作贯穿于整个教育过程中。通过实践项目、实习实训等方式，学生在学习过程中能够直接接触实际问题，提升解决问题的能力。这种注重实际操作的特色使学生更好地适应未来创业和工作的挑战。

高等职业院校强化行业对接，与企业深度合作。为了更好地培养适应市场需求的创新创业人才，高等职业院校积极与各类企业建立紧密的合作关系。通过校企合作项目、企业导师制度等，学生能够深入了解行业实际情况，提前感知市场需求，为未来创业和就业提供更为实际的支持。

高等职业院校创新创业教育体系的构建还注重跨学科的融合。创新和创业涉及多个领域的知识，因此高等职业院校通过设立跨学科的创新创业专业或课程，促进不同学科领域的知识交叉和综合运用。这种跨学科的融合有助于培养学生更全面的创新创业素质，使其能够更好地在实际工作中应对复杂多变的问题。

高等职业院校创新创业教育体系的构建还注重创新创业文化的营造。通过开展各类创业大赛、创新创业讲座、创客空间的建设等方式，高等职业院校积极培育创新创业文化氛围。使学生在其中能够更好地理解创新创业精神，增强创新创业的意识和动力。

高等职业院校创新创业教育体系的构建还注重个性化发展。针对学生的个体差异，高等职业院校通过设立个性化导师制度、提供个性化的创新创业培训计划等方式，帮助学生发现自身兴趣和优势，促使其在创新创业领域找到适合自己的发展路径。

我国高等职业院校创新创业教育体系的构建充分体现了注重实际操作、与企业深度合作、跨学科融合、创新创业文化营造以及个性化发展等一系列优势特色。这种体系的构建不仅有助于培养更适应社会需求的创新创业人才，也为我国高等职业院校在创新创业教育领域的进一步发展奠定了坚

实的基础。

(二)校企合作与实际案例

我国高等职业院校在创新创业教育方面积极进行校企合作，通过实际案例探索出独具特色的实践路径。这种实践探索不仅加强了学校与产业之间的紧密联系，也为学生提供了更贴近实际的学习体验，形成了独特的优势特色。

高等职业院校与企业开展深度合作，共建校企合作基地。通过与企业建立紧密的合作关系，学校为学生提供了更加实际的实习和实训机会。例如，某职业院校与当地先进制造企业合作，共建数字化制造实训中心，使学生在实际生产场景中学到了与市场需求紧密结合的技能。

高等职业院校通过项目合作拓展学生实践经验。学校积极与企业洽谈合作项目，将实际项目融入课程体系，使学生在解决实际问题的过程中培养创新创业的实际能力。例如，某职业院校与一家创新科技公司合作，共同开发智能物流解决方案，学生通过参与项目全过程，锻炼了解决问题的综合能力。

高等职业院校还结合企业实际需求，与企业合作开设创新创业课程。学校邀请企业专业人士担任课程讲师，将企业最前沿的实践经验融入课堂。这种校企合作的创新创业课程不仅丰富了学科内容，也使学生更好地了解企业内部运作和创新过程。例如，某职业院校与一家创业孵化器合作，联合开设创业实战课程，帮助学生更好地理解创业过程。

高等职业院校还通过双师型人才培养，引入企业专业人才作为实践导师。企业导师为学生提供实际工作中的经验和指导，使学生更好地了解行业动态和实际问题。例如，某职业院校与一家领先的互联网公司合作，邀请该公司技术专家担任实践导师，指导学生进行项目研发，加强理论与实践的有机结合。

我国高等职业院校在创新创业教育实践中通过校企合作探索了独特的优势特色。这种合作模式不仅拉近了学校与产业之间的距离，也为学生提供了更加丰富和实际的学习体验。通过与企业深度交流、项目合作、开设创新创业课程以及引入企业导师等方式，高等职业院校努力培养具有创新创业实际能力的复合型人才，推动创新创业教育走上一条更为有力的发展路径。

(三)跨学科融合的特色模式

高等职业院校在创新创业教育中积极探索跨学科融合的特色模式，以应对日益复杂的社会需求和培养更具综合素养的创新创业人才。这一实践探索不仅展现出优势特色，也为高等职业院校创新创业教育注入了新的活力。跨学科融合的特色模式凸显了实际问题导向。高等职业院校通过将不同学科的知识和技能进行有机结合，使创新创业教育更加贴近实际应用。这种实际问题导向的特色模式使学生能够在解决实际问题的过程中，更好地理解并运用所学知识，培养创新思维和实际操作能力。

在实践中，高等职业院校强调项目驱动的特色模式。通过跨学科的团队合作，学生参与具体的创业项目或解决实际问题的实践活动。这种特色模式注重实际操作，使学生能够在实践中更全面地了解创新创业的流程和方法，培养实际解决问题的能力。

跨学科融合的特色模式中强调了团队合作与交叉学科的特点。学生通过团队协作，能够从不同学科领域的成员中汲取不同的知识和经验。这种跨学科的特色模式有助于培养学生的团队合作和沟通能力，培养学生具备跨学科思维的能力，更好地适应未来复杂多变的社会环境。

高等职业院校跨学科融合的特色模式还注重创新创业教育与产业的深度融合。学校与企业、产业园区等进行更紧密的合作，将创新创业教育与实际产业需求相结合。这种特色模式使学生更好地了解行业需求，有助于他们更好地适应职业市场，提高创新创业成功率。

高等职业院校创新创业教育实践中的跨学科融合的特色模式展现出了其独特的优势特色。实际问题导向、项目驱动、团队合作与交叉学科、与产业深度融合等方面的特色使得创新创业教育更加贴近实际、更具实效性。这种特色模式不仅有助于培养更具综合素养的创新创业人才，也为高等职业院校创新创业教育的未来发展提供了有益的参考。

第二节　高等职业院校创新创业教育课程与实践项目

一、高等职业院校创新创业教育课程

(一)课程体系的建构

高等职业院校创新创业教育的课程设计是一个关键环节，需要结合行业需求和学生实际，构建合理的课程体系。在这一过程中，需注意以下几个方面。

课程体系的建构需要基于行业需求进行。通过与行业深度合作，高等职业院校可以了解到行业的最新动态和发展趋势。课程设计应当紧密结合行业需求，设置前瞻性课程，使学生能够在毕业后更好地适应行业的变化。

课程体系需要注重理论与实践的结合。创新创业教育的目标是培养学生的实际操作能力，因此课程体系设计应当注重理论知识与实践技能的有机融合。通过设置实践性课程、项目实训等环节，使学生在课堂中能够直接应用理论知识，提高解决实际问题的能力。

课程体系的建构需要强调跨学科融合。创新创业涉及多个领域的知识，因此课程设计应当打破学科的壁垒，设置跨学科课程。通过不同学科的融合，学生能够获取更为全面的知识，更好地应对复杂多变的创新创业环境。

课程体系的建构还需要关注个性化发展。不同学生具有不同的兴趣和潜能，因此课程设计应当充分考虑学生的个体差异。通过设置选修课程、实施导师制度等方式，帮助学生发现个人优势和兴趣，促使其在创新创业领域找到适合自己的发展路径。

课程体系的建构需要国际化视野。创新创业不仅受到国内市场的影响，还受到国际市场的影响。课程设计应当引入国际先进理念，增强学生的国际竞争力。可以通过开设国际化课程、组织国际实习等方式，拓宽学生的国际视野。

课程体系的建构需要注重社会责任教育。创新创业人才应当具备一定的社会责任感，关注社会问题，为社会做出积极贡献。课程设计应当引入社会责任教育元素，培养学生的社会责任感和公益精神。

高等职业院校创新创业教育课程的设计需要以行业需求为基础，强调理论与实践的结合，跨学科融合，关注个性化发展，注重国际化视野，以及关注社会责任教育。通过这样的课程体系的建构，高等职业院校能够更好地培养适应社会需求的创新创业人才。

(二)课程内容与模块设计

1. 创新创业理论的传授与实践应用

高等职业院校创新创业教育的课程设计应以创新创业理论的传授与实践应用为核心，以培养学生的实际创业能力为目标。这需要紧密结合理论知识的传递和实际应用的培养，构建全面的创新创业教育体系。

　　创新创业理论传授是创业教育的基石。在教学中，应该注重向学生传递关于市场、企业管理、创新管理等方面的理论知识。这不仅包括经典的管理理论，还需涵盖新兴的创新理论、市场趋势分析等内容。通过理论传授，学生能够建立起对创新创业领域的基本认知，为实际创业打下坚实的理论基础。

　　实践应用是创新创业教育的重要组成部分。在课程设计中，应该设计具体的实践项目，让学生能够将理论知识应用到实际中。例如，可以组织学生进行市场调研、编写商业计划、参与创业孵化等实际操作，使学生在实践中深刻理解和掌握创新创业理论。

　　课程设计应该注重实际案例的引入。通过真实的企业案例，学生能够更好地了解创新创业理论的应用和实践。教学中可以引入成功创业者的故事，让学生从实际案例中学到成功的经验和失败的教训，提高他们的实际洞察力。

　　交叉学科的引入也是创新创业教育的重要手段。课程设计中可以将创新创业理论与其他学科进行有机融合，例如与市场营销、人力资源管理等学科结合，形成跨学科的综合课程，使学生在多个学科领域形成全面素养。

　　创新创业教育的课程设计还应考虑学生个体差异。课程设计可以针对不同专业、不同兴趣方向的学生设置差异化的课程内容和实践项目，以满足不同学生的个性化需求。

　　高等职业院校创新创业教育的课程设计应该实现创新创业理论的传承与实践应用的有机结合。理论传授要注重全面性和前瞻性，实践应用要贴近实际并具体到项目操作，实际案例和交叉学科的引入能够更好地丰富学生的认知，而个体差异的考虑则能够更好地满足学生的个性化需求。通过这样的课程设计，高等职业院校能够更好地培养创新创业人才，使其具备丰富的实际经验和深厚的理论素养。

2. 实战性案例分析与解决方案讨论

　　高等职业院校创新创业教育课程设计需要注重实战性案例的分析与解决方案的讨论，以培养学生实际应用能力。在这一背景下，设计师需要充分考虑行业实际情况，提供具有挑战性的案例，并通过合理的解决方案讨论，引导学生理解和应对实际创新创业问题。

　　课程设计中的实战性案例应当紧密结合当前行业发展状况。例如，在科技领域，设计师可以选择具有代表性的科技创新案例，涵盖人工智能、物联网、大数据等热点领域。而在传统产业领域，可以选取适用于制造业、服务业等不同领域的实际案例，确保学生接触到多元化的实际问题。

　　实战性案例的设计要突出问题导向。案例应当呈现真实的挑战，包括市场竞争、资源分配、创新管理等多个方面的问题。通过对这些问题的深度分析，是学生具备对创新创业实际挑战的敏感性和解决问题的能力。

　　在案例讨论中，设计师要引导学生进行多维度的思考。通过提问，鼓励学生从不同的角度思考问题，如技术层面、市场层面、团队合作层面等。这有助于培养学生全面思考和综合解决问题的能力。

　　解决方案的讨论应该强调切实可行性。学生提出的解决方案不仅要符合理论知识，更要考虑实际可行性、资源利用效益等方面。设计师可以引导学生考虑风险管理、市场定位、团队协作等实际问题，使他们在讨论中更加注重解决方案的实际操作性。

设计师可以通过案例讨论引导学生进行团队合作。创新创业往往需要团队的协同合作，在案例讨论中设计一些需要团队共同思考和解决的问题，培养学生的团队协作和沟通能力。

设计师在课程设计中应该注重反馈和总结。及时给予学生对解决方案的反馈，指导他们进行思考和修正。在课程结束时，通过总结案例讨论的经验教训，使学生更好地吸取知识和经验教训，提高他们在实际创新创业中的应用能力。

高等职业院校创新创业教育课程设计需要注重实战性案例的选择与设计，通过问题导向、多维度思考和团队合作的案例讨论，培养学生解决实际创新创业问题的能力。设计师的巧妙引导和及时反馈将有助于提高学生的学习效果，使他们更好地应对未来职业挑战。

二、高等职业院校创新创业实践项目推进

(一)实践项目的设立与管理

高等职业院校创新创业实践项目的设立与推进是促使学生深入实际操作、培养创新创业能力的重要手段。在推进这一过程中，需要关注以下几个方面。

一、实践项目的设立应当充分考虑学生的实际需求。通过定期进行学生需求调研，了解学生对创新创业实践项目的期望和兴趣，有针对性地设计和设立项目。确保实践项目与学生的专业背景、兴趣爱好相符，能够激发其学习动力和创新创业的热情。

二、实践项目的设立需要与企业深度合作。通过与企业建立紧密的合作关系，高等职业院校可以为学生提供更贴合实际的实践机会。企业可以提供创新创业项目的实际情况，为学生提供真实的创业环境，促使其更好地理解行业需求和市场状况。

三、实践项目的管理需要强调团队协作和项目周期的设计。创新创业常常需要团队合作，因此实践项目的设立应当注重团队协作能力的培养。通过设置多阶段、多环节的项目，使学生能够在实际操作中逐渐提高团队协作的能力。合理设计项目周期，使学生在项目中能够经历从构思到实施的全过程，培养其创新创业的全面素质。

四、实践项目的推进还需要强调导师制度的建设。为了更好地指导学生，实践项目应当设立导师制度，由有丰富实践经验的导师负责指导学生的创新创业项目。导师可以提供专业的指导意见，帮助学生解决在项目中遇到的问题，促进其在实践中更好地成长。

五、实践项目的推进需要强化对学生的评估机制。通过设立科学合理的评估指标，全面考察学生在创新创业实践项目中的表现。评估可以包括项目成果、团队协作能力、创新思维、实际操作能力等多个方面，确保对学生的全面评价。

六、实践项目的推进需要与社会资源深度对接。通过与投资机构、创业导师、行业专家等建立紧密联系，为学生提供更广泛的创新创业资源。社会资源的对接有助于拓宽学生的创业视野，提高项目的实际操作水平。

通过上述措施，可以更好地促进学生的创新创业能力的培养，提升其在实际工作中的竞争力。

(二)校企合作与项目资源整合

高等职业院校创新创业实践项目的推进需要借助校企合作与项目资源整合的机制。通过紧密合作，学校能够整合丰富的资源，为创新创业项目提供更全面的支持，进一步推动实践项目的发展。校企合作是创新创业实践项目成功推进的关键环节。学校与企业建立紧密的合作关系，能够借助企业的实际经验和资源，使创新创业实践项目更具实际价值。通过校企合作，学校可以获取市场需求和趋势的真实信息，使实践项目更贴合市场。

在校企合作中，项目资源整合是确保项目成功推进的关键。学校需要整合来自不同领域的资源，包括人才、技术、资金等多方面的支持。例如，可以通过与企业合作引入企业实际从业人员作为项目导师，提供专业的技术支持；还可以整合校内的研究机构和实验室资源，为实践项目提供更为全面的技术支持。

创新创业实践项目的推进需要充分利用校内外的各类资源。学校可以借助政府的支持，争取更多的政策和资金支持，推动项目的快速发展。学校还可以积极整合社会资源，与社会组织、行业协会等建立合作关系，为项目提供更广泛的支持。

项目资源整合的关键在于建立高效的管理机制。学校需要建立起创新创业实践项目的项目管理团队，明确各方责任，合理分配资源。项目管理团队应该具备跨学科、跨专业的特长，能够更好地协调各方资源，保障项目的有序推进。

学校还可以通过校内外的创业竞赛等形式，发现和培养创新创业人才。这种形式既能够为学生提供实践锻炼的机会，也能够为学校吸引更多的创新创业项目。通过这样的方式，学校能够将更多的项目资源整合到创新创业实践中。

高等职业院校创新创业实践项目的推进离不开校企合作与项目资源整合的支持。通过与企业建立紧密合作关系，整合多方资源，建立高效的管理机制，学校能够为创新创业实践项目提供更为全面的支持。这种校企合作与资源整合的机制不仅能够促进项目的成功推进，也有助于培养学生实际创业的能力，为学校创新创业教育贡献更大的价值。

(三)学生团队的组建与培训

高等职业院校创新创业实践项目的推进离不开学生团队的组建与培训。在这一过程中，要注重学生个体的特长，提倡团队协作，通过培训提升团队整体素质，以推动创新创业项目的顺利进行。

学生团队的组建要考虑成员的专业背景和兴趣爱好。通过将来自不同专业的学生聚集在一起，能够使团队更具多样性，充分发挥不同专业的优势。了解学生的兴趣爱好，有助于培养他们对项目的热情和主动性。

团队成员的选拔需要综合考量学术能力、沟通协作能力以及创新创业意愿。选拔学生成为团队成员时，不仅要注重其专业知识水平，还要关注其团队协作和沟通能力。创新创业项目需要团队成员能够充分合作，因此选择具有良好团队协作精神的学生是至关重要的。

学生团队的培训应该注重项目管理和团队合作的技能。培训内容可以包括项目计划制订、任务分工、进度控制等项目管理方面的知识，以及团队协作、沟通技巧等方面的软实力培养。通过培训，使学生能够更好地理解项目的整体运作流程，提升团队的整体执行力。

在培训过程中，还可以注重创新创业相关知识的传授。通过邀请创业导师、行业专家等开设专题讲座，使学生能够深入了解创新创业领域的实际情况，为项目的实施提供更为全面的支持。

学生团队的培训不仅要强调理论知识的传授，更要注重实际操作的训练。例如，可以通过模拟项目推进的案例分析、角色扮演等方式，培养学生在实际项目中迅速适应和反应的能力。这种实际操作的培训有助于提高学生在真实项目中的实际执行力。

团队培训还可以注重创新思维和问题解决能力的培养。通过创新创业训练营、头脑风暴等方式，激发学生的创新潜能，培养他们解决问题的能力。创新思维的培养有助于团队在项目推进中更具创造性，更好地应对各种挑战。

在整个项目推进的过程中，定期组织团队成员进行交流和经验分享，使团队成员之间更好地了解彼此的工作进展，及时解决问题，确保项目推进的顺利进行。通过这种交流，团队成员之间的默契度也能够不断提高。

第三节　高等职业院校创新创业教育师资队伍建设

一、高等职业院校创新创业教育师资队伍结构与培训体系

（一）师资队伍的结构与来源

高等职业院校创新创业教育的师资队伍结构与培训体系是该领域发展的重要组成部分。在构建师资队伍结构和培训体系时，需关注以下几个方面。

师资队伍的结构应当具有多元化。多元化的师资队伍能够更好地适应创新创业教育的发展需求。除了拥有丰富实践经验的企业导师，还需要引入具有学术背景的专业教师，以确保创新创业教育既注重实际操作，又具有理论支撑。引入创业者、投资人等不同背景的从业者，能够为学生提供更为全面的创新创业视角。

师资队伍的来源需要关注产业界和学术界的融合。从产业界引入经验丰富的企业导师，可以使学生更好地了解行业实际情况，提高实际操作能力。从学术界引入具有创新研究背景的教师，有助于培养学生的创新思维和科研能力。产学融合的师资队伍有助于将理论知识与实际操作相结合，促进创新创业教育的全面发展。

建立创新创业教育的师资培训体系至关重要。师资培训体系应当包括行业培训、教育理论培训、实践操作培训等多个方面。行业培训可以帮助教师深入了解行业最新动态，提升实践经验。教育理论培训有助于提高教师的教育理念和教育方法，使其更好地适应创新创业教育的特点。实践操作培训则能够提高教师的实际操作水平，更好地指导学生进行创新创业实践项目。

师资队伍的结构还应该注重青年教师的培养。通过建立青年教师导师制度，由有经验的老师指导青年教师，帮助其适应创新创业教育的特殊环境，提升其教学水平和实践经验。青年教师也能够带入新的思维和理念，推动师资队伍的创新和发展。

师资队伍结构和培训体系的构建还需要与学校的整体发展战略相结合。学校可以制定相关政策，鼓励教师参与创新创业教育，提供相关支持和激励措施。学校还可以建立交流平台，促使不同学科领域的教师进行交流与合作，实现跨学科融合。

高等职业院校创新创业教育的师资队伍结构和培训体系应当具有多元化，关注产业界和学术界的融合，建立创新创业教育的师资培训体系，注重青年教师的培养，并与学校整体发展战略相结合。通过这样的构建，师资队伍能够更好地适应创新创业教育的发展需求，为学生提供更为优质的教育服务。

（二）师资培训的体系建设

高等职业院校的师资培训体系建设是学校教育质量提升和教育教学改革的重要保障。师资队伍的专业素养和教学水平直接关系到学生的学习效果和教育质量。高等职业院校需要建立健全的师资培训体系，不断提升教师的教学能力、科研水平和专业素养。建立多层次、多形式的师资培训体系。

高等职业院校可以通过举办专题讲座、学术交流会、教学研讨会等形式，为教师提供专业知识和教学方法的培训。可以利用现代化信息技术手段，开展在线培训、远程教育等形式，满足不同教师的学习需求和时间安排，提高培训的灵活性和针对性。

建立完善的师资培训评估机制。通过定期对师资培训效果进行评估和反馈，了解教师的培训需求和学习动态，及时调整和改进培训内容和方式。可以建立教师教学能力和科研水平评价体系，为教师提供个性化、有针对性的培训服务，提高师资队伍的整体素质。

另一个重要举措是加强教师的专业发展和学术交流。高等职业院校可以鼓励教师积极参加学术会议、学术研讨会等学术交流活动，拓宽视野、增长见识。可以建立教师互相学习、共同成长的合作机制，促进教师之间的交流与合作，提高教学质量和科研水平。

高等职业院校还应加强教师的实践能力培养。通过校企合作、产教融合等形式，为教师提供实践机会和实践平台，加强他们的实践能力和实践经验。学校可以鼓励教师参与实践项目、科研课题等实践性教学活动，提高他们的实践教学能力和教学水平。

建立健全的师资队伍激励机制是师资培训体系建设的重要内容。高等职业院校可以通过提高教师的薪酬待遇、设立教学科研奖励、完善教师职称评审等方式，激励教师积极参与师资培训活动，提高培训的积极性和效果。建立教师评优评先制度，及时发现和表彰优秀教师，激发广大教师的教学热情和创新动力。

高等职业院校师资培训体系建设是学校教育教学改革和质量提升的重要保障。通过建立多层次、多形式的培训体系，加强师资队伍的专业发展和学术交流，培养教师的实践能力和教学水平，建立健全的激励机制，可以不断提升教师的整体素质和教育教学水平，为高等职业院校的发展和建设提供有力支持。

1. 创新创业理论培训

高等职业院校创新创业教育的师资队伍结构与培训体系是促进创新创业理论传播与实践应用的重要因素。构建合理的师资队伍结构，建立有效的培训体系，可以更好地满足创新创业教育的需求，推动师资队伍在理论和实践领域的不断提升。师资队伍结构的建设应兼顾学科专业性和实践经验。教师既需要具备扎实的学科专业背景，能够传授创新创业理论知识，也需要具备实际创业经验，能够将理论知识与实践经验相结合。这种结构可以通过引入有丰富实际经验的企业导师、创业者等，以及培养教师自身的实际创业经验来实现。通过多元化的师资队伍结构，学校能够更好地满足不同学科背景和实践层面的教学需求。

培训体系的建设是提高师资队伍整体水平的有效手段。培训内容应包括创新创业理论、市场调研、商业计划编写、创业管理等方面的知识。培训形式可以采用工作坊、研讨会、实地考察等多样化方式，以激发教师的学习热情，增强他们的实际教学能力。培训体系应该强调教师之间的交流与合作，促进经验共享，形成共同成长的氛围。

高等职业院校还可以通过与企业、创业孵化器等机构的合作，建立更为深度的培训体系。引入企业导师、创业者等从业人员进行专业知识的传授，提供实际创业经验的分享。这种合作可以帮助教师更好地理解市场需求，更新创新创业理论，提高实际操作能力。

师资队伍结构的调整和培训体系的建设需要与时俱进。面对创新创业领域的不断发展，学校应不断关注新兴领域的理论和实践，调整师资队伍结构，更新培训内容。可以通过定期的专业研讨会、学术交流等形式，使师资队伍始终保持对新理论、新趋势的敏感性。

师资队伍的建设还需要强调创新创业理论的实际运用。学校可以通过组织实践项目、产学研合作等方式，让教师深度参与到实际创新创业活动中，将理论知识应用到实践中，从而提高教学的实际效果。

高等职业院校创新创业教育的师资队伍结构与培训体系的建设是促进创新创业理论传播与实践应用的关键环节。通过构建多元化的师资队伍结构，建立全面的培训体系，学校能够更好地满足创新创业教育的需求，培养出更具实际能力的创新创业人才。这不仅有助于提升教学水平，也为学生提供更为丰富和实际的学习体验。

2. 教学方法与案例分析培训

高等职业院校创新创业教育的师资队伍结构和培训体系是促进教学质量的重要保障。为了更好地适应创新创业教育的需求，教学方法与案例分析培训成为关键环节。师资队伍结构的优化需要考虑多元化和专业性。在多元化方面，师资队伍应该包括来自不同领域的专家，以覆盖创新创业教育的多个方面。不仅要有创业领域的专业人才，还需要融入法学、经济学、管理学等多个学科背景的教师，以确保学生接触到全面的知识。师资队伍要保持专业性，深入了解创新创业领域的前沿动态，能够传授实际操作经验。

教学方法的改进是师资队伍培训的重要一环。在创新创业教育中，应采用灵活多样的教学方法，如案例教学、团队项目、实地考察等。通过案例分析，教师能够引导学生深入理解实际创新创业问题，培养解决问题的能力。团队项目则能够锻炼学生的团队协作和实际操作能力。实地考察则有助于学生更好地理解产业环境和市场需求。师资队伍需要经过培训，熟练掌握这些教学方法，以更好地引导学生。

案例分析培训是师资队伍培养的重要一环。在培训过程中，教师可以学习如何挑选和设计合适的创新创业案例，以激发学生的学习兴趣。培训还可以涵盖案例讨论的技巧，如引导学生深入思考、促进团队合作等。通过对案例的深入研究和讨论，教师能够更好地掌握创新创业领域的实际情况，为学生提供更为实用的知识。

师资队伍培训体系应该具有系统性和阶段性。系统性体现在培训内容的全面性，包括创新创业理论、实践经验、教学方法等多个方面。教师需要全面了解创新创业领域的最新发展，以不断提升自身水平。阶段性体现在培训过程的分阶段、分层次，根据教师的实际情况和需求，分阶段地提供相应的培训，以确保培训的有效性和可操作性。

培训体系要注重实践和互动。教师在培训中应该有机会参与实际创新创业项目，亲身感受创业过程中的挑战和乐趣。培训还应该鼓励教师之间的互动与合作，促进经验分享，形成共同成长的氛围。

高等职业院校创新创业教育的师资队伍结构与培训体系的优化至关重要。多元化而专业化的师资队伍，灵活多样的教学方法，以及系统性、实践性的培训体系，能够更好地满足创新创业教育的需求，推动学科的发展和培养更多具有创新能力的学生。

二、高等职业院校创新创业教育师资队伍的实践经验与案例分享

(一)师资队伍的实践背景

高等职业院校创新创业教育的师资队伍实践背景是该领域发展的关键因素，决定了教育质量和学生培养效果。师资队伍的实践背景应该具有多样性，结合产业经验、实际创业经历和学术研究，以更好地适应创新创业教育的需求。

首先，师资队伍应该具备丰富的产业实践经验。这包括在相关领域的工作背景、企业经历或产业研究成果。具有产业实践经验的教师能够更好地理解行业的需求和发展趋势，从而更好地指导学生，使创新创业教育更具实际导向。

其次，师资队伍的实践背景需要融合创业经历。拥有创业经历的教师能够向学生传授实际的创业知识和经验，分享创业中的挑战和成功。这种实际创业经历能够激发学生的创业激情，提升其创新创业的实际能力。

第三，学术研究背景也是师资队伍实践背景的重要组成部分。在高等职业院校创新创业教育领域，教师需要具备一定的学术素养，能够结合实际经验深入研究，为学生提供更为全面和深度的教育。学术研究能够使教师保持对创新创业领域最新理论和实践的了解，提高其在教学中的水平。

除了以上三个方面，跨学科的实践背景也是师资队伍的重要特征。创新创业涉及多个领域的知识，师资队伍的实践背景应该跨足多个学科领域，能够促使学生形成全面的创新创业思维，更好地适应多元化的创新创业环境。

师资队伍的实践背景还应该紧密结合所服务的地区和行业。因地制宜，更好地适应当地或特定行业的创新创业发展需求。通过了解当地产业结构和市场特点，教师能够更有针对性地进行教学和指导，使创新创业教育更切实可行。

最终，师资队伍实践背景的培养和提升需要建立完善的培训体系。培训体系应该涵盖不同方面，包括产业培训、创业导师培训、学术研究培训等。通过不断学习和培训，教师能够不断提升自身的实践水平，更好地为学生提供创新创业教育服务。

高等职业院校创新创业教育的师资队伍实践背景应该具有多样性，结合产业经验、实际创业经历和学术研究。建立完善的培训体系，培养和提升师资队伍的实践背景，将有助于提高创新创业教育的质量和效果。

(二)师生互动与团队协作

高等职业院校创新创业教育的师资队伍结构与培训体系需注重师生互动与团队协作，以促进更有效的创新创业教育。师生互动与团队协作是构建创新创业教育共同体的关键，有助于学生全面提升创新创业能力。

师资队伍结构的优化要考虑师生互动的需要。教师不仅应具备专业知识，还需具备亲和力和交流能力，以更好地与学生进行沟通和互动。引入企业导师、行业专家等外部力量，通过与实际从业

者的交流，丰富创新创业教育的实际内容，提高学生的实际操作能力。

培训体系的建设应该强调团队协作的培养。培训内容不仅包括创新创业理论，还应注重团队管理、团队协作等方面的知识。培训可以以小组讨论、团队项目等形式展开，注重提升学生在团队中的协作和沟通能力。培训体系还应鼓励教师间的互动，推动共同研发创新创业课程、项目。

师生互动需要打破传统的教学模式，鼓励更多的实际交流。教师可以通过组织座谈会、讲座、行业交流等形式，与学生深入交流，了解学生的创业想法和需求，从而更好地调整教学内容。学生也应该积极参与课程设计、创业项目等方面的决策，建立起师生间更加平等的互动关系。

创新创业教育中，团队协作是培养学生创业能力的核心。学校可以通过组建创业团队、实施团队项目等形式，培养学生的团队合作意识和能力。教师可以担任团队导师的角色，引导学生在团队中发挥各自优势，实现协同创新。学校还可以鼓励学生主动组建创业团队，通过团队协作形式进行创业实践。

师生互动与团队协作的深度融合需要建立起开放的交流平台。学校可以通过建立在线平台、社交媒体等形式，促进师生之间的实时互动，分享创业心得和经验。通过这样的平台，学校能够更好地了解学生的实际需求，为教学提供更有针对性的支持。

高等职业院校创新创业教育的师资队伍结构与培训体系的建设需要注重师生互动与团队协作。通过优化师资队伍结构，强化教师的互动和交流能力，建立团队协作的培训机制，学校能够更好地培养学生的创新创业能力，推动创新创业教育的不断深化。在师生互动与团队协作的共同推动下，创新创业教育将更好地服务于学生的全面发展。

第四节　高等职业院校创新创业教育的成果与面临挑战

一、高等职业院校创新创业教育的成果
(一)学生创新能力的提升

高等职业院校创新创业教育的成果体现在学生创新能力的提升上。通过创新创业教育的实施，学生在理论知识、实践技能和创新思维等方面都取得了显著的成绩。

创新创业教育的成果表现在学生对行业知识的深刻理解。通过课堂教学和实践项目，学生能够更加全面地了解所学专业的相关知识，理解行业发展的趋势和挑战。他们对行业的认知不再局限于书本知识，而是通过实际操作和项目经验深入了解行业运作机制，提高了对行业的洞察力和理解水平。

创新创业教育使学生具备了一定的实践技能。学生通过参与创新创业实践项目，掌握了一系列实际操作的技能，包括项目管理、团队协作、市场营销等。这些实践技能的提升使学生能够更好地适应未来工作和创业的需要，增加了他们在职场中的竞争力。

创新创业教育培养了学生的创新思维。学生在教学过程中逐渐培养了主动思考、勇于尝试的创新思维。他们在解决实际问题的过程中，学会了灵活运用知识，提出创新性的解决方案。创新思维的培养使学生在面对未知和复杂的问题时更具有应变能力。

创新创业教育还激发了学生的创业热情。通过参与创新创业实践项目，学生对创业的理解逐渐从理论转化为实际行动。一些学生在实践中成功创业，取得了令人瞩目的成绩，体现了创新创业教育对于激发学生创业潜力的有效性。

创新创业教育的成果还表现在学生综合素质的全面提升。学生在实践中锻炼了沟通能力、团队协作能力、问题解决能力等综合素质，使他们更好地适应社会和职场的要求。这种全面素质的提升是创新创业教育的积极影响，使学生在未来更具备综合竞争力。

高等职业院校创新创业教育的成果主要体现在学生对行业知识的深刻理解、实践技能的提升、创新思维的培养、创业热情的激发和综合素质的全面提升等方面。这些成果不仅使学生更好地适应职业发展，也为他们未来的创业和就业奠定了坚实的基础。

(二)创新创业文化的树立

高等职业院校创新创业文化的树立是为了营造鼓励创新、促进创业的良好氛围，培养学生的创新创业精神和能力。这种文化的核心在于学校的教育理念和价值观，以及学校的组织架构、教学模式和校园文化。

创新创业文化的树立需要学校制定明确的发展目标和规划。学校应该将创新创业教育纳入学校发展战略的重要组成部分，明确创新创业的重要性和意义，将其作为学校发展的核心任务之一，为创新创业文化的树立提供坚实的组织保障。

学校应该建立与创新创业教育相适应的教学体系和课程体系。通过优化课程设置、引入创新创业相关的选修课程和实践项目，培养学生的创新意识、创业能力和实践技能，为学生的创新创业之路提供理论和实践的支持。

学校还应该加强师资队伍建设，培养具有创新创业思维和实践经验的教师团队。教师应该不断提升自己的创新创业素养，积极参与创新创业教育的教学和科研工作，成为学生的榜样和引导者。

创新创业文化的树立也需要与社会资源和企业进行广泛合作。学校应该与行业企业建立合作关系，开展校企合作项目，提供实践实习机会和创业创新平台，让学生深入了解行业发展动态，积累创业经验，为未来的创业之路做好准备。

学校还应该重视学生创新创业意识的培养和引导。通过举办创新创业比赛、论坛讲座等活动，营造创新创业的氛围，激发学生的创新创业热情，鼓励他们勇于创新、敢于创业，培养他们的创业精神和创新能力。

高等职业院校创新创业文化的树立需要学校的顶层设计和长期规划，涉及教学体系、课程设置、师资队伍建设、校企合作、学生意识培养等多个方面。只有通过全方位的努力和合作，才能够真正营造出有利于创新创业发展的良好环境，培养出更多的创新创业人才，为社会经济的发展做出更大的贡献。

1. 创业文化的培育与传承

高等职业院校创新创业教育的成果直接关系到创业文化的培育与传承。通过深化创新创业教育，培育和传承创业文化，学校能够为学生成长提供更为丰富和实际的学习体验，为创新创业人才的培养贡献更大的力量。

创业文化的培育要通过多层次的途径。学校可以通过举办创业讲座、创业沙龙等形式，邀请成功创业者分享经验，为学生树立榜样，激发他们的创业激情；学校可以组织创业导师团队，引入企业家、投资人等专业人士，为学生提供更为具体的创业指导。通过这些方式，学校能够培养学生的创业意识，为创新创业文化的培育奠定基础。

创新创业教育的成果体现在学生实际创业过程中。学校可以通过创业实践项目、创业竞赛等形式，引导学生投入实际创业实践，锻炼其实际操作能力；学生可以通过项目合作、编写商业计划书等实操训练，更好地理解创新创业理论，形成创业思维和创业习惯。

成果的产出不仅仅是企业的创立，还包括学生的综合素质提升。创新创业教育的成果可以通过学生的综合能力得到体现，如沟通协调能力、团队协作能力、问题解决能力等；学校可以通过实际案例、学生创业经历的分享等方式，让更多学生认识到创新创业教育的实际效果，形成持续的创业文化。

创新创业文化的传承需要学校与企业深度合作。学校可以通过与企业签署战略合作协议，建立长期的校企合作关系；通过与企业的深度合作，更好地了解市场需求和行业发展趋势，为创新创业文化的传承提供更为有力的支持。

创新创业文化的传承也离不开师资队伍的支持。学校可以通过培养一支具有实际创业经验的教师团队，将企业实际经验融入教学中。这种方式能够更好地传承实际创业的精髓，为学生成才提供更为实际的指导。

高等职业院校创新创业教育的成果不仅仅是学生创业的成功，更是创业文化的培育与传承。通过深化创新创业教育，通过实际创业项目的推动以及校企间深度合作，学校能够为学生成才提供更实际的机会，培育更多具有创新创业精神的人才，为创业文化的传承打下坚实的基础。

2. 创新创业活动的丰富多彩

高等职业院校创新创业教育的成果主要体现在创新创业活动的丰富多彩。这些活动不仅为学生提供了实际操作的机会，也为他们搭建了展示才华的平台，形成了一系列具有丰富内涵的成果。

学校定期举办创新创业大赛，包括商业计划比赛、创意设计大赛等。学生组成团队，提出独特的创意和商业模式，并通过层层选拔，最终有机会获得奖金和项目支持。这些比赛不仅激发了学生的创新热情，也帮助他们将理论知识应用到实际项目中。

学校邀请成功创业者、行业专家进行创业讲座与论坛，分享他们的创业经验和心得。学生有机会倾听实际案例、学习成功创业者的故事，从而更好地理解创业的机遇与挑战。这种活动为学生提供了拓宽视野的机会，激发了他们的创业兴趣。

学校设立了创客空间和创业孵化器，为学生提供实际的创业场地和资源支持。在这些空间中，学生可以得到导师的指导，使用先进的创新设备，与其他创业团队进行交流合作。许多创新项目在这样的环境中孕育而生，成为创业的成功典范。

学校积极与企业合作，为学生提供创业实习的机会。通过与企业合作，学生能够更深入地了解行业运作和市场需求，锻炼实际操作的能力。一些学生在实习期间获得了创业的启示，进而萌发了创业的念头。

学校举办创新创业文化节，汇聚校内外各方资源，展示学生的创新成果。文化节包括创业项目展示、创意设计展览、讲座演讲等丰富多样的活动，为学生提供展示自己创新创业成果的平台，激励更多学子参与到创新创业的实践中。

在创新创业教育中，学生团队不断涌现出一系列创新产品和服务。这些产品和服务涵盖了多个领域，包括科技、社会服务、文化创意等。通过实际的创新实践，学生成功地将理论知识转化为具体的产品，为社会创造实际价值。

学校鼓励学生成立创新创业社团和组织，为他们提供一个自由交流和合作的平台。这些社团组织举办各类活动，包括讲座、讨论会、合作项目等，推动创新创业文化的传播与融入学校生活。

高等职业院校创新创业教育的成果主要体现在学生参与各类创新创业活动的成果丰富多彩。通过这些活动，学生在理论知识的基础上，得以深化实践经验，形成了一系列具体的成果，为他们未来的创业生涯奠定了坚实的基础。

二、高等职业院校创新创业教育面临的挑战

(一)教育资源的不足

高等职业院校创新创业教育面临着教育资源不足的严峻挑战。这一问题的存在涉及师资队伍、实践项目、科研基地等多个方面。为应对这一挑战,有必要采取一系列策略,以确保创新创业教育能够更加健康、全面地发展。面对师资队伍的不足,可以通过加强师资培训与引进外部专业人才的方式来解决。师资队伍的培训应当围绕创新创业理论、实践经验、行业动态等方面展开,以提高教师在创新创业教育领域的专业素养。引进有产业实践经验的外部专业人才,为学生提供更为直接和实用的指导。

针对实践项目资源的不足,高等职业院校可以加强校企合作,拓宽项目渠道。通过与企业深度合作,高等职业院校可以更好地借助企业资源,提供更丰富的实践项目。建立实践项目资源库,吸引企业投入并持续更新项目,以确保学生在实践中能够接触到真实的行业问题,提高其实际操作能力。

面对科研基地不足的情况,高等职业院校可以积极争取政府支持与行业投入。通过申请科研项目、参与政府创新创业政策,获取更多的科研基地建设经费。与相关行业企业建立战略合作伙伴关系,共同投入资金建设创新创业科研基地,提升学校的科研实力。

加强对教育资源的充分利用也是关键。高等职业院校可以通过建立教育资源管理平台,实现资源的有效整合与分享。这样一来,不仅能够更好地利用现有资源,还能够提高资源利用效率,满足创新创业教育的需求。

为了解决实践场地不足的问题,高等职业院校可以积极寻找地方政府、企业合作共建创新创业实践基地。这些实践基地可以提供真实的创业环境,为学生提供更多实际操作的机会。还可以通过与其他高校、研究机构的合作,共享实践场地资源,提高资源的利用率。

在面对资金不足的问题时,高等职业院校可以通过多元化的筹资方式来解决。除了争取政府资助外,还可以通过与企业合作、校友捐赠、项目合作等方式来筹集资金。建立创新创业发展基金,为创新创业教育提供更为持续的资金支持。

建立产学研合作机制也是应对资源不足的有效策略。高校与产业界和研究机构建立紧密的合作关系,通过共享资源、共同开展项目,实现优势互补,提高创新创业教育的质量。

高等职业院校创新创业教育面临的教育资源不足问题需要通过多管齐下的策略来解决。师资培训、校企合作、科研基地建设、资源整合、资金筹措、实践场地合作以及产学研合作机制的建立,都是共同构建创新创业教育健康发展的关键步骤。通过这些努力,高等职业院校能够更好地应对资源不足的挑战,推动创新创业教育取得更为显著的成果。

(二)课程体系的不完善

高等职业院校创新创业教育面临的挑战主要表现在课程体系的不完善方面。这一不完善可能体现在创新创业理论内容不足、实践项目缺乏深度、师资队伍的不适应等方面。为了有效应对这些挑战,需要采取一系列策略,以优化课程体系,提升创新创业教育的实效性。

创新创业理论内容的不足是一个亟待解决的问题。学校应当加强对创新创业理论的深度挖掘,注

重引入最新的理论成果。在课程体系设计中，应结合国际创新创业教育的发展趋势，引入新兴的理论观念，包括但不限于科技创新、社会创新等领域的理论。通过与创新企业、研究机构等合作，形成理论与实践相结合的教学模式，确保学生能够接触到最前沿的创新创业知识。

实践项目的缺乏深度也是一个亟待解决的挑战。学校应加强对实践项目的设计，注重项目的实际操作性和可持续性。可以通过与企业、创投机构合作，引入真实的创业项目，让学生能够实际体验创业的全过程，从而提升实际操作能力。项目应该具有一定的难度和挑战性，以激发学生的创新潜力，培养他们在实际创业中解决问题的能力。

师资队伍的不适应也是一个影响创新创业教育效果的问题。学校应该建立健全的师资培训机制，鼓励教师积极参与创新创业实践，不断提升实际操作经验。可以通过邀请企业导师、行业专家进行培训，帮助教师更好地理解行业动态和企业需求。还可以鼓励教师参与校企合作项目，将企业实践经验纳入教学内容，提高教学的实际效果。

学校应加强对学科融合的支持。创新创业往往涉及多个学科领域，需要学科间的融合。学校可以通过设立交叉学科的课程、引入跨学科的研究项目等方式，推动不同学科的教师深度合作，形成全方位的创新创业教育。

除此之外，建立行业导向的创新创业教育体系也是解决课程体系不完善的有效途径。学校可以与产业界建立更紧密的联系，了解市场需求，引导学生更好地匹配产业发展趋势，促使创新创业教育更好地服务于产业结构的升级。

高等职业院校创新创业教育应采取多方面的策略解决课程体系不完善问题。通过深度挖掘创新创业理论，加强实践项目设计，培养师资队伍的实际操作能力，支持学科融合，建立行业导向的教育体系等措施，可以更好地应对挑战，推动创新创业教育走向更为成熟和实效的发展阶段。

(三)创业生态环境的不健全

当前，高等职业院校在创业生态环境方面存在一系列不健全的问题，这给创新创业教育带来了一些严峻的挑战。为了应对这些挑战，需要制定有效的策略，以促进高等职业院校创新创业教育的良性发展。

创业生态环境的不健全主要体现在政策支持不足、市场机制不畅、社会文化氛围淡薄等方面。政府应该制定更加有力的政策来支持高等职业院校的创新创业教育，包括提供财政资金、税收优惠政策、简化创业流程等方面的支持。需要建立完善的市场机制，鼓励企业与高校合作，促进科技成果转化。社会应该营造积极向上的创业文化，鼓励创新思维和创业精神的培养。

高等职业院校创新创业教育面临的挑战还包括师资力量不足、课程设置滞后、实践环节不充分等问题。为了应对这些挑战，高校需要加大对师资队伍的培养力度，提高教师的实际工作经验和创业经历，以更好地传授实际操作技能。需要优化课程设置，紧密结合市场需求和行业发展趋势，确保教学内容紧贴实际。在实践环节方面，高校应该积极与企业、社会组织等合作，为学生提供更多的实际参与机会，加强实践能力的培养。

缺乏系统性和全面性是创业教育另一个亟待解决的问题。高校应该构建起一套完整的创新创业教育体系，包括从创业意识的培养、创业技能的训练到创业项目的孵化等各个方面的环节。只有建立起一个系统性的创业教育体系，才能够更好地培养学生的创新创业能力，使他们在未来社会中更好地适应和发展。

创业教育与产业结合度不高也是一个亟待解决的问题。高等职业院校应该与各类企业建立更紧密的合作关系，加强产学研合作，促进科技创新和人才培养的有机结合。只有通过与产业的深度合作，高校才能更好地了解市场需求，为学生提供更有针对性的创业培训，使他们更好地融入实际产业中。

高等职业院校在创业生态环境不健全的情况下，创新创业教育面临一系列的挑战。要应对这些挑战，需要政府、高校和社会共同努力，通过制定更有力的政策、优化教育体系、加强与产业的合作等方式，推动创新创业教育的全面发展。这将有助于培养更多具备创新创业能力的高素质人才，推动社会经济的可持续发展。

第三章　高等职业院校创新创业教育的理论与模型

第一节　教育理论在高等职业院校创新创业教育中的应用

一、教育理论的基础与指导原则

(一)教育理论的基础

教育理论作为高等职业院校创新创业教育的基础，为教学实践提供了理论指导和方法支持。在创新创业教育中，教育理论的应用涉及学习理论、教学设计理论、评价理论等三个方面。

一、学习理论是创新创业教育的基石。构建创新创业学习理论，关注学生在实践中的主动参与和经验积累。社会认知理论强调学生通过社交互动、合作学习来构建知识，因此在创新创业教育中，可以通过团队合作、项目实践等方式培养学生的创新能力。建构主义理论强调学生通过主动参与问题解决过程来建构知识，因此，创新创业教育应当注重学生的自主学习和问题解决能力的培养。

二、教学设计理论在创新创业教育中发挥重要作用。在设计创新创业课程时，可以采用问题导向学习（PBL）、案例教学、任务型教学等理论框架，通过实际问题和情境导向的学习，培养学生的解决问题的能力。在课程设计中还可以融入情感教育理论，通过激发学生的创业热情和情感投入，培养其对创新创业的兴趣和热忱。

三、评价理论是创新创业教育中的另一关键因素。在教学评价中，可以采用综合评价方法，包括项目评价、团队评价、个人评价等，以全面了解学生在创新创业实践中的表现。基于成果评价、过程评价和反思评价等理论，能够更好地促使学生深入思考、总结经验，提高创新创业能力。

在课程设计中，还可以运用多元智能理论，充分考虑学生的不同智能类型，通过多样化的教学方式和评价方法，激发学生的多元智能，培养创新创业的综合素质。

情感智能理论也可应用于创新创业教育。通过情感智能的培养，学生可以更好地处理人际关系、增强创业者的领导力和团队协作能力，为未来创新创业提供情感智能支持。

社会认知理论在创新创业教育中的应用更为显著。强调学习社区的构建，可以通过与行业、企业的深度合作，搭建学生与业界交流的平台，使学生更好地融入社会创新创业网络，提高创业实践水平。

教育理论在高等职业院校创新创业教育中的应用是多层次、多方面的。通过学习理论、教学设计理论、评价理论、多元智能理论、情感智能理论以及社会认知理论等的有机整合，可以更全面、深入地指导创新创业教育实践，为学生成长提供理论支持和方法指导。

(二)创新创业教育的指导原则

高等职业院校创新创业教育的指导原则是确保教育质量和培养目标的实现，以促进学生创新创业能力的全面提升和综合素质的提高。这些指导原则涵盖了诸多方面，旨在为学校提供清晰的办学方向和教学指引。

培养创新意识和创业精神是创新创业教育的首要原则。学校应该通过教学内容和课程设置，引导学生了解创新创业的重要性，激发他们的创新潜能和创业意识。这包括开设创新创业导论、创业管理等课程，组织创业讲座和创业比赛等活动，引导学生掌握创新创业的基本理念和实践技能。

注重实践教学和项目实践是创新创业教育的核心原则。学校应该通过设立实践项目、开展实习实训、建立创业实践基地等方式，为学生提供实践机会和实践平台，让他们在实践中学以致用，锻炼创新创业的能力和实践技能。学校还应该加强与企业、社会组织的合作，为学生提供更广阔的实践空间和资源支持。

另一个重要原则是注重跨学科融合和综合素养培养。创新创业教育应该强调跨学科的交叉融合，让学生获取不同学科的知识和技能，提高他们的综合素养和跨学科思维能力。这包括开设跨学科课程、组织跨学科研讨会等活动，培养学生的综合素质和综合能力。

关注学生个性发展和创新创业能力的培养是创新创业教育的重要原则。学校应该重视学生个性的发展和特长的培养，通过个性化教育和导师制度，为学生提供个性化的学习和成长空间，激发他们的创新创业潜能和创造力。学校还应该加强学生心理健康教育和职业规划指导，帮助他们树立正确的人生观和职业理想，为未来的创业之路做好充分准备。

持续改进和创新是创新创业教育的重要原则。随着社会经济的不断发展和变化，创新创业教育也需要不断改进和创新，与时俱进。学校应该积极借鉴国内外先进经验和成功案例，加强教育教学改革和课程创新，不断提升创新创业教育的质量和水平。

高等职业院校创新创业教育的指导原则包括培养创新意识和创业精神、注重实践教学和项目实践、跨学科融合和综合素养培养、关注学生个性发展和创新创业能力的培养、持续改进和创新等方面。只有紧密围绕这些原则，才能够更好地推动高等职业院校创新创业教育的健康发展和持续进步。

1. 学生中心教育理念

高等职业院校创新创业教育中，学生中心教育理念是一种关键的教育思想，该理念强调将学生置于学习的核心地位，注重满足学生的个性需求，促使他们在学习过程中充分发挥主体作用。在应用学生中心的教育理念时，需要结合创新创业教育的特点，注重培养学生的创新创业能力和实际操作经验，使之更好地适应社会需求和产业发展。以下是学生中心教育理念在高等职业院校创新创业教育中的应用。

学生中心教育理念在创新创业教育中强调个性化的学习路径。考虑到学生在创新创业领域的兴趣和潜能差异，教育应当提供多样化的学习途径，使学生有更多的选择空间。这可以通过开设不同方向的创新创业课程、设置个性化的实践项目等方式实现。通过了解学生的兴趣和发展方向，为他们提供更为个性化的培养计划，使每个学生能够在自己擅长的领域得到更为深入的发展。

学生中心教育理念强调学生参与决策的重要性。在创新创业教育中，学生应当被视为学习的主体，他们的主动参与对于教育的效果至关重要。学校可以通过设立学生代表制度、开展学生议事会等方式，鼓励学生参与教学管理和决策，使他们在教育过程中有更多的话语权。也可以通过学生的反馈和建议，及时调整和优化教学方案，提高教育的实效性。

学生中心教育理念要求教育者更加注重学生的个体发展。在创新创业教育中，注重培养学生的实际操作能力和团队协作精神是至关重要的。学校可以通过设置创业实践项目、组建创业团队等方式，使学生在实际的创新创业活动中锻炼能力。也应该关注学生的心理健康，提供心理辅导和职业规划服务，使每个学生全面发展，能够更好地适应未来的社会和职业挑战。

学生中心教育理念还强调教育要贴近学生的生活实际。在创新创业教育中，理论与实践相结合是非常重要的。学校可以通过与企业合作、引入企业导师等方式，使学生接触到实际的创新创业案例，了解市场需求和行业动态。通过实际案例的教学，学校可以更好地激发学生的实际创业兴趣，增强他们的实际操作能力。

学生中心教育理念在创新创业教育中要求建立有效的评估体系。评估应当注重学生的全面素质发展，包括但不限于创新创业能力、团队协作能力、实际操作能力等方面。评估应当具有一定的灵活性，能够充分考虑学生在实际创新创业项目中所展现的个体特长和团队合作精神。通过建立科学合理的评估体系，学校能够更好地反映学生的实际能力，为他们的职业发展提供更为有力的支持。

学生中心教育理念在高等职业院校创新创业教育中的应用是至关重要的。通过注重个性的学习路径、学生参与决策、个体发展、贴近生活实际、建立有效的评估体系等方式，学校能够更好地满足学生的实际需求，培养更具创新创业能力的人才，推动创新创业教育不断深入发展。

2. 实践导向教学方法

实践导向教学方法教育理论在高等职业院校创新创业教育中的应用是为了使学生在真实情境中更好地理解和应用所学知识，培养其实际应对问题的能力。该教育理论注重学生的实践体验，倡导将理论知识与实际应用相结合，以促使学生更好地适应未来职业发展的需求。

在高等职业院校创新创业教育中，实践导向的教学方法得以广泛应用。这一理论强调学生通过实际操作，深化对理论知识的理解，培养解决问题的实际能力。在创新创业教育中，学生需要具备一系列的实际技能，而实践导向的教学方法正是为了满足这种需求。

实践导向教学方法注重课程的实际操作性。在创新创业课程中，教师可以设计一系列真实的案例，引导学生运用所学理论知识解决实际问题。通过真实案例的模拟和角色扮演，学生能够更加深入地理解创新创业的实际操作过程，提高实际问题应对的能力。

实践导向教学方法倡导学生参与实际项目。在高等职业院校，创新创业教育往往需要结合实际项目，使学生能够亲身体验创业过程。通过参与实际项目，学生能够在实践中学到更多的经验和技能，培养团队协作和创新思维。

实践导向教学方法注重实地考察和实习。通过实地考察，学生能够亲眼见到不同企业的运作模式和管理方式，对创业环境有更为深刻的了解。实习则是学生将理论知识应用于实际工作中的重要途径，通过实习，学生能够更好地适应职业要求，提高实际操作能力。

实践导向教学方法还强调个性化培养。在高等职业院校的创新创业教育中，学生的个性差异较大，实践导向的教学方法可以更好地满足不同学生的个性化需求。通过个性化的实践活动设计，每个学生都能够在实际操作中找到适合自己的发展方向，培养出色的创业领导力。

实践导向教学方法教育理论在高等职业院校创新创业教育中的应用，通过注重实际操作、参与实际项目、实地考察和实习等方式，促使学生更好地将理论知识转化为实际应用能力。这一方法不仅有助于提高学生的综合素质，也更符合当前职业教育的发展趋势，为学生未来的职业发展奠定坚实基础。

二、教育理论在高等职业院校创新创业教育中的体现

(一)项目式学习与建构主义理论

高等职业院校创新创业教育理论在实践项目中的体现，与项目式学习与建构主义理论密切相关。项目式学习强调学生通过参与实际项目来获取知识和技能，而建构主义理论则强调学习者通过与现实世界的互动来构建自己的理解。在高等职业院校的创新创业教育中，这两种理论相互交织，形成了富有活力的教育实践。

实践项目为学生提供了一个跨学科、综合性的学习平台。在项目中，学生不仅需要运用自己在课堂上学到的知识，还需要跨越学科边界，结合不同领域的理论与实践，解决实际问题。这种跨学科的学习过程有助于学生建立全面的知识结构，并培养跨领域解决问题的能力。

实践项目鼓励学生从实践中发现问题，探索解决方案。在项目中，学生往往需要面对各种挑战和困难，需要主动寻找解决问题的途径。这种探索式学习的过程促使学生不断思考、实践、反思，从而深化对知识的理解，并培养解决问题的能力和创新意识。

实践项目强调学生之间的合作与交流。在项目团队中，学生需要相互协作，共同完成项目任务。通过与同学的交流与合作，学生不仅可以分享彼此的经验与知识，还可以学习团队合作与沟通的技巧，培养团队精神与领导能力。

实践项目为学生提供了一个展示自我的舞台。通过项目展示和成果展示，学生有机会向社会展示他们的创意、成果和能力。这种展示过程不仅有助于学生提升自信心，还能够增强学生的职业竞争力，为他们未来的职业发展打下良好的基础。

高等职业院校创新创业教育理论在实践项目中的体现，体现了项目式学习与建构主义理论的核心理念。通过实践项目，学生能够跨学科学习、探索问题、合作交流，并展示自我，从而实现知识与能力的全面提升。

(二)合作学习与社会认知理论

高等职业院校的创新创业教育理论在实践项目中的体现，紧密关联着合作学习与社会认知理论。在实践项目中，学生们通过合作学习，共同探索问题、解决挑战，不断提升社会认知能力。这种理论与实践相结合的教育模式，为学生提供了丰富的机会，促进了其创新创业能力的培养。

合作学习是实践项目中的重要组成部分。学生们在团队中相互协作、交流，共同面对项目中的挑战与困难。通过合作学习，他们不仅学会了如何有效地与他人合作，更重要的是学会了从不同角度思考问题、倾听他人意见，并将这些观点融合在一起，形成更加全面的解决方案。

社会认知理论强调个体通过参与社会活动来建构知识与理解。在实践项目中，学生们置身于真实的社会环境中，与真实问题对话、与真实需求对接。通过与企业、社区等实际社会群体的互动，学生们不仅更加深入地理解了社会现实，也更加清晰地认识到自己的责任与使命。这种实践中的社会认知过程，激发了学生们的创新意识与创业热情，使他们能够更加积极地投身于解决社会问题、推动社会进步的实践中。

实践项目的设计与实施需要紧密结合合作学习与社会认知理论，从课程设置、项目导师指导到项目实践环节的组织，都应当充分考虑如何引导学生进行有效的合作学习，如何促进学生的社会认知能力的提升。只有通过不断探索、实践，才能够发现更加适合于高等职业院校的创新创业教育模式，真正将理论与实践有机结合，为学生的综合素质提升提供更加有力的支撑。

合作学习与社会认知理论在高等职业院校创新创业教育实践项目中的应用，不仅仅是一种教育手段，更是一种教育理念的体现。通过这种理论与实践相结合的教育模式，我们能够培养出更加适应社会发展需要、具备创新创业精神的优秀人才，为社会的可持续发展贡献自己的力量。

(三)反思性实践与反思理论

在高等职业院校的创新创业教育实践中，反思性实践与反思理论扮演着重要角色。这一理论不仅指导着教育实践的具体展开，也促进了学生对自身行为和思维方式的深入思考。在实践项目中，这种理论体现得尤为突出。反思性实践意味着在行动中不断思考。学生在创新创业实践中，不仅是机械地执行任务，而且是在实践过程中不断审视自己的行为、决策和目标。这种实践不仅是为了完成任务，更是为了理解实践的意义和价值。例如，在团队合作的项目中，学生需要反思自己在团队中的角色定位，是否与他人有效沟通，是否能够妥善处理冲突等等。

反思理论强调对经验的反思和总结。在创新创业项目中，学生会积累大量的实践经验，但仅仅经验的积累是不够的，关键在于如何从中汲取教训，做出改进。通过反思理论的指导，学生能够将实践中的经验转化为知识和智慧，为未来的创业道路提供宝贵的参考和指导。比如，在项目失败的情况下，学生可以通过反思分析失败的原因，吸取教训，为将来的项目避免类似的错误。

反思性实践与反思理论鼓励学生在实践中保持开放的心态。创新创业项目往往伴随着不确定性和挑战，而开放的心态能够帮助学生更好地适应和应对变化。学生需要不断反思自己的偏见和局限性，以开放的姿态接纳来自不同角度的建议和意见。这样的实践环境不仅能够培养学生的创新能力，也能够促进团队的合作和共同成长。

总之，反思性实践与反思理论在高等职业院校的创新创业教育中发挥着至关重要的作用。通过实践项目的体现，学生能够在行动中不断思考，在经验中不断成长，在挑战中不断创新。这样的教育理念不仅能够培养学生的创业精神，也能够塑造他们的人格和品质，为未来的职业生涯奠定坚实的基础。

第二节 高等职业院校创新创业教育的理论模型与框架

一、高等职业院校创新创业教育的理论模型

(一)创新创业教育的理论基础

创新创业教育是一种基于培养学生创新能力和创业精神的教育模式，其理论基础根植于多个学科交叉融合的基础之上。在高等职业院校，创新创业教育的教育模型与框架需要立足于培养学生的实践能力和创新思维，以促进其在未来职业生涯中的成功。

创新创业教育的理论基础源于教育学、心理学和经济学等多个学科的理论支撑。教育学提供了关于教学方法和学习过程的理论基础，心理学关注个体学习、动机和认知过程，经济学则关注市场机制、风险管理和资源配置。这些学科的交叉融合为创新创业教育提供了理论支持。

高等职业院校创新创业教育的教育模型应当注重实践导向。学生通过参与创新项目、实践活动和实地考察，从实践中获取知识、技能和经验。这种以实践为基础的教育模型有助于学生将理论知识应用到实际问题中，并培养解决问题的能力。

创新创业教育的框架应当注重培养学生的创新思维和创业精神。创新思维包括开放性思维、跨学科思维和问题解决思维，这些不同类型的思维有助于学生在面对复杂问题时提出创新的解决方案。创业精神则包括风险承担能力、机会识别能力和团队合作能力，这些能力对于学生未来从事创业活动至关重要。

创新创业教育的框架还应当注重个性化发展。每个学生的背景、兴趣和能力都不同，因此教育模型应当充分考虑学生的个性化需求，提供多样化的教学方法和评价标准，激发学生的学习动力和创新潜力。

高等职业院校创新创业教育的教育模型与框架应当立足于实践导向、创新思维和创业精神，并兼顾个性化发展的需求。通过综合运用教育学、心理学和经济学等多个学科的理论基础，构建完善的创新创业教育体系，为学生未来的职业发展奠定坚实的基础。

(二)创新创业教育框架的建构

1. 教育目标与指标的设定

高等职业院校创新创业教育的教育模型与框架的建立是为了确保教育目标与指标的设定能够得到有效实施。这一教育模型与框架必须基于对学生需求、行业趋势和社会发展的深刻理解。教育目标的设定应当聚焦于培养学生的创新意识、创业技能和社会责任感等方面，而指标的制定则需要具体到教学过程、学习成果和学生表现等多个方面。

教育目标的设定应当强调学生的综合素质培养。这包括了创新思维、团队合作、问题解决能力等方面。教育模型与框架应当注重培养学生的跨学科能力，使其能够在不同领域中灵活应对挑战，迎

接变化。还应当注重培养学生的创新创业意识，使其能够在社会中不断探索、创造价值。

教育模型与框架的设计需要关注行业需求与社会发展。对于不同专业领域的学生，教育目标与指标可能存在差异。教育模型与框架应当具有灵活性，能够根据不同专业领域的特点进行调整。还需要密切关注行业趋势和社会需求，确保教育目标与指标与时俱进，能够有效满足社会对人才的需求。

教育模型与框架的建立需要注重评估与反馈机制的建立。通过对教育目标与指标的设定进行评估，可以及时发现问题，并对教育模型与框架进行调整和优化。还需要建立有效的反馈机制，促进教师与学生之间的互动与沟通，确保教学过程的有效进行。

高等职业院校创新创业教育的教育模型与框架的建立至关重要。只有通过对教育目标与指标的深入思考与细致设计，才能够确保教育的有效实施与良好效果的达成。还需要不断调整与优化教育模型与框架，以适应社会发展的需要，为学生综合素质的培养提供有力支撑。

2. 教育过程的阶段性设计

高等职业院校的创新创业教育模型与框架是一项复杂而精密的设计，其核心在于教育过程的阶段性安排。这一模型与框架的目的是为学生提供系统化、有针对性的教育，使其在创新创业领域获得全面的发展。

教育模型的第一阶段是意识培养。在这一阶段，学生被引导去认识创新创业领域的基本概念、核心价值和社会意义。学生需要了解创新创业对个人和社会的影响，以及其在经济发展和社会进步中的作用。这一阶段的教育模型旨在唤起学生的创业意识和创新意识，为其后续学习和实践奠定基础。

教育模型的第二阶段是知识学习。在这一阶段，学生开始系统学习创新创业领域的相关知识和技能。教育机构需要提供丰富多样的课程，涵盖创业管理、市场营销、商业模式设计等方面的知识。学生还需要通过案例分析、实地考察等方式，深入了解创新创业的实践经验和成功案例。这一阶段的教育模型旨在为学生提供全面的理论基础和实践技能，使其具备从事创业活动的能力和准备。

教育模型的第三阶段是实践实训。在这一阶段，学生将所学知识和技能应用于实际的创新创业项目中。教育机构可以与企业、社会组织等合作，为学生提供实践实习的机会和平台。学生将在实践中面临真实的挑战和问题，需要运用所学知识和技能应对、解决。这一阶段的教育模型旨在培养学生的实践能力和创业精神，使其在未来的创业实践中能够游刃有余，驾驭挑战。

高等职业院校的创新创业教育模型与框架是一个有机的系统，通过阶段性的设计和安排，为学生提供全面的教育和培训。这一模型与框架不仅注重知识的传授，更强调学生的实践能力和创新思维的培养。通过这样的教育模式，学生将能够在创新创业领域中展现出色的能力和表现，为社会和经济的发展做出积极的贡献。

二、高等职业院校创新创业教育框架

（一）实践项目运作框架

高等职业院校创新创业教育的实践项目运作框架是培养学生实际技能和创新思维的重要模式。该框架结合了课堂教学和实践项目，旨在为学生提供真实的创业体验和实践机会。在这个框架中，首先需要明确项目的目标和愿景。这包括确定项目的范围、预期成果以及学生所需达到的技能和能力。

目标的明确性有助于指导项目的具体实施过程，并使学生了解他们的努力方向。

项目的设计和策划是至关重要的。这涉及确定项目的内容、时间表、资源分配以及团队组建。项目的设计应当充分考虑学生的实际情况和学习需求，确保项目能够有效地达到预期的教育目标。

在实施阶段，学生需要参与到项目的各个环节中。这可能涉及市场调研、产品开发、商业模式设计等多个方面。通过实际参与项目，学生可以将课堂学习中的理论知识应用到实际情境中，并培养解决问题的能力和团队合作精神。

在项目的过程中，教师和导师的指导和支持至关重要。他们可以为学生提供专业知识、实践经验和反馈意见，帮助学生克服困难，发现问题，并及时调整项目方向。教师和导师的积极参与可以增强项目的有效性和学生的学习体验。

项目的评估和总结是项目运作框架的重要环节。通过对项目的评估，可以了解项目的效果和学生的表现，发现问题并及时改进。对项目的总结有助于学生对自己的学习经验进行反思和总结，提高其学习能力和创新能力。

高等职业院校创新创业教育的实践项目运作框架是一个综合性的教学模式，其核心是将课堂学习与实践项目相结合，为学生提供全面的学习体验和实践机会。通过明确项目目标，设计和策划项目、学生参与和教师指导，项目评估和总结等环节的有机结合，有效地促进学生的创新思维和创业精神的培养，为其未来的职业发展打下坚实的基础。

(二)实施模式的创新

实施模式的创新应当注重学生的个性化需求。每个学生都有不同的背景、兴趣和潜能，教育模型与框架应当充分考虑到学生的个性化特点，为其提供个性化的学习路径和服务。这包括了课程设置的灵活性、教学方法的多样性等方面，以满足不同学生的学习需求。

实施模式的创新需要注重跨学科融合。创新创业教育不仅仅是某一学科的传授，而是涉及多个学科领域的综合性教育。教育模型与框架应当促进不同学科之间的交叉融合，打破学科壁垒，培养学生的跨学科思维能力和创新创业能力。

再者，实施模式的创新需要注重实践性教学。创新创业教育最终要培养的是学生的实践能力和创新创业精神。教育模型与框架应当强调实践性教学的重要性，为学生提供丰富多样的实践机会，让他们在实践中不断探索、实践和总结经验。

实施模式的创新需要注重产学研结合。高等职业院校创新创业教育的目标之一是培养学生成为具有创新能力和实践能力的高素质人才，教育模型与框架应当促进产学研之间的深度合作，使教育更贴近市场需求，更贴近产业发展的需求。

高等职业院校创新创业教育的教育模型与框架需要不断创新。只有通过创新实施模式，才能够更精准地适应社会发展的需要，更好地培养学生的创新创业能力，为社会培养出更多具有创新意识和创业精神的优秀人才。

(三)社会参与与创新生态建设

高等职业院校的创新创业教育模型与框架必须紧密结合社会参与和创新生态建设。这种教育模式旨在激发学生的创新潜能，培养他们适应未来社会需求的能力。

社会参与是教育模型的核心要素之一。学校需要与企业、政府、社会组织等各界合作，搭建起创新创业教育的平台和生态系统。通过社会参与，学生可以接触到真实的创业环境和实践项目，从而更好地理解创新创业的本质和挑战。这种参与不仅可以丰富学生的学习经验，也能够为学校提供更多的资源和支持，推动创新创业教育的深入发展。

创新生态建设是教育模型的重要组成部分。学校需要为学生营造一个开放、包容、创新的学习环境，激发他们的创造力和创新精神。在这样的生态系统中，学生可以自由地探索和实践，发挥他们的想象力和创意，不断探索新的可能性和机会。通过创新生态建设，学校可以培养出更多具有创新意识和创业精神的人才，为社会和经济的发展注入新的活力和动力。

教育模型与框架需要注重实践性和可持续性。创新创业教育不仅仅是传授知识和技能，更重要的是培养学生的实践能力和创业素养。教育模型应该注重实践性教学和项目导向，让学生在实践中学习、在实践中成长。教育模型也需要具有可持续性，能够适应不断变化的社会和经济环境，不断调整和优化教育内容和方法，保持与时俱进。

高等职业院校的创新创业教育模型和框架必须与社会参与和创新生态建设紧密结合。通过社会参与，学校可以为学生提供更丰富的学习资源和实践机会；通过创新生态建设，学校可以培养出更多具有创新意识和创业精神的人才。教育模型也需要注重实践性和可持续性，使学生在不断变化的社会环境中能够适应和发展。这样的教育模型和框架将为学生的未来发展打下坚实的基础，也将为社会和经济的持续发展做出积极的贡献。

第三节　高等职业院校创新创业教育评估与质量保障

一、高等职业院校创新创业教育评估

(一)教育质量评估的理论基础

教育质量评估的理论基础根植于教育学、评估学以及质量管理等学科的理论支持。在高等职业院校创新创业教育领域，评估与质量保障至关重要。

评估的理论基础包括对学习成果、教学过程和教育效果的系统性衡量。教育学提供了评估的理论框架，强调教育目标的明确性和评价指标的科学性。评估学关注评价方法和工具的选择与应用，以确保评估过程的客观性和可靠性。质量管理理论强调持续改进和质量保障，通过建立有效的评估机制和反馈系统，不断提升教育质量。

在高等职业院校创新创业教育中，评估与质量保障旨在确保教育过程的有效性和学生的学习成果。评估的内容包括教学目标的达成情况、教学方法的有效性、学生的学习态度和技能水平等方面。评估的过程应当充分考虑教育的特点和学生的需求，采用考试、作业、实习报告、学生反馈等评价方法和工具，综合考评学生的学习情况。

评估与质量保障的关键在于建立健全的评估体系和质量管理机制。这包括明确评估的目的和标准、建立有效的评估流程和程序、确保评估结果的公正和可信度。需要建立反馈机制和改进机制，及时发现和解决教学过程中的问题，不断提升教育质量和教学效果。

评估与质量保障需要教师、学生和管理者的共同参与和努力。教师应当关注学生的学习情况，不断改进教学方法和教学内容，提高教学效果。学生应当积极参与学习活动，认真对待学习任务，提升自身的学习能力和技能水平。管理者应当提供必要的支持和资源，建立和完善评估体系和质量管理机制，促进教育质量的持续改进和提升。

高等职业院校创新创业教育评估与质量保障是一个复杂而系统的工作，其理论基础包括教育学、评估学和质量管理等多个学科的理论支持。通过建立健全的评估体系和质量管理机制，全面衡量教育质量和教学效果，可以有效提升高等职业院校创新创业教育的质量和水平。

(二)创新创业教育评估指标体系

1. 教学目标与成果评估

在高等职业院校创新创业教育中，教学目标的设定和成果评估是评估与质量保障的核心。教学目标应当明确反映学生的创新创业能力和素质培养，而成果评估则需要综合考虑学生在知识、能力和态度等方面的表现。

教学目标的设定应当与课程设置、教学方法和教学资源等密切相关。教学目标的设计需要充分考虑到学生的实际需求和社会需求，既要注重学科知识的传授，更要注重学生的创新意识、创业能

力和团队合作精神的培养。教学目标的设定应当具有针对性和可操作性，能够为教师的教学实践提供明确的指导。

成果评估是评估教学质量的重要手段。成果评估应当全面、多维度地考察学生的学习成果和综合素质。评估内容应当包括知识水平、创新能力、实践能力、团队合作能力等方面，既要注重学生的理论学习，更要注重学生的实践能力和创新创业实践经验。成果评估的方式应当多样化，包括考试、论文、项目报告、实践成果展示等多种形式，以满足不同学生的学习需求和评估要求。

评估与质量保障需要建立科学合理的评估体系和评估标准。评估体系应当明确评估的对象、内容和方式，确保评估过程的公平、公正和客观。评估标准应当具有针对性和可操作性，能够客观地反映学生的学习成果和综合素质。评估与质量保障需要充分发挥教师的主体作用，加强教师对学生学习过程的指导和监督，及时发现和解决教学中存在的问题，不断提高教学质量和教学水平。

评估与质量保障需要注重与社会需求和行业标准的对接。评估与质量保障应当与社会需求和行业标准相结合，确保教育培养的学生能够适应社会发展的需要，具备创新创业能力和竞争力。评估与质量保障需要加强与企业、社会组织和行业协会等社会力量的合作，共同促进高等职业院校创新创业教育的不断发展和完善。

评估与质量保障是高等职业院校创新创业教育的重要环节。只有建立科学合理的评估体系和评估标准，加强教师的教学指导和监督，与社会需求和行业标准相结合，才能够有效提高教育质量，培养更多具有创新创业能力和竞争力的高素质人才。

2. 学生创新创业能力的测量

高等职业院校创新创业教育评估与质量保障是一项复杂而关键的任务，其中学生创新创业能力的测量至关重要。这一过程旨在确保教育的有效性和质量，促进学生全面发展。

评估学生创新创业能力需要采用多维度的方法。评估者需要考查学生的创新思维能力，包括他们对问题的理解和解决方案的创造性。这种评估可以通过开放性问题、案例分析等方式进行，以了解学生的思维逻辑和创新潜力。

评估学生的创业实践能力是至关重要的。这包括他们在创业项目中的角色定位、团队合作能力、市场洞察力等方面的表现。评估者可以通过观察学生在实践项目中的表现、听取项目汇报等方式进行评估，以了解他们在实际创业环境中的能力和水平。

评估学生的创新创业意识和素养也是评估的重要内容。这包括学生对创新创业的认识和态度，以及他们是否具备自主创业的意愿和能力。评估者可以通过问卷调查、小组讨论等方式获取学生的意见和看法，从而了解他们的创业意识和素养。

在评估过程中，还需要考虑到评估工具的有效性和可靠性。评估工具应该具有科学性和客观性，能够全面、准确地反映学生的创新创业能力。评估者需要根据评估结果提出针对性的建议和改进措施，以不断提升教育质量和效果。

评估学生创新创业能力是高等职业院校创新创业教育评估与质量保障的重要组成部分。通过多维度的评估方法，可以全面了解学生的创新创业能力和水平，为教育的持续改进和提升提供有力支持。这样的评估机制不仅有助于学校更好地发挥教育功能，也能够为学生未来的发展和就业提供重要参考和支持。

二、高等职业院校创新创业教育的质量保障

(一)制度建设与政策支持

高等职业院校创新创业教育的质量保障与持续改进机制需要建立健全的制度和政策支持。这是确保教育质量稳步提升的重要保障。

制度建设是质量保障与持续改进的基础。学校应建立明确的教育目标和质量标准，为教师和学生提供清晰的指导。建立健全的管理体系和教学评估机制，确保教育活动的有效开展和质量监控。制定相关规章制度，明确教育教学的程序和要求，保障教育活动的有序进行。

政策支持是推动高等职业院校创新创业教育质量与持续改进的重要保障。政府应出台支持创新创业教育发展的政策，包括财政投入、人才培养计划和教育评估体系等方面。政策的明确和稳定性有助于提高学校和教师的积极性，推动教育质量的持续改进。

质量保障与持续改进机制是高等职业院校创新创业教育的重要组成部分。这包括建立有效的质量评估体系和监测机制，定期对教育活动和教学效果进行评估和反馈。建立学生和教师参与的质量保障体系，提高教师的教学水平，激发学生的学习动力。持续改进是质量保障的重要环节，通过及时总结教育经验、开展教育研究和推广优秀教学案例，不断提高教育质量和教学效果。

在质量保障与持续改进过程中，教师扮演着关键角色。教师应不断提升自身的专业素养和教学水平，积极参与教学评估和改进活动，为学生提供优质的教育服务。学生也应积极参与教育活动，主动反馈学习需求和意见建议，共同促进教育质量的提升。

高等职业院校创新创业教育的质量保障与持续改进机制需要建立健全的制度和政策支持。只有通过制度建设和政策支持，建立有效的质量保障体系和持续改进机制，才能确保教育质量稳步提升，为学生的综合素质培养提供坚实保障。

(二)师资队伍培训与发展

高等职业院校创新创业教育的质量保障与持续改进机制是一个重要的方面，而师资队伍的培训与发展则是支撑这一机制的关键环节。师资队伍的培训与发展直接影响着教育质量和教学效果。在创新创业教育中，师资队伍的培训与发展必须与时俱进，与行业需求紧密结合，才能够保证教育质量的不断提升。

师资队伍的培训与发展应当注重专业知识和教学能力的提升。创新创业教育需要具备丰富的实践经验和专业知识，教师应当不断深化自身的专业素养，增强对行业发展趋势的了解，才能够更好地指导学生进行创新创业实践。教师还应当具备良好的教学能力，能够灵活运用各种教学方法，激发学生的学习兴趣，培养学生的创新思维和实践能力。

师资队伍的培训与发展还应当注重教育理念和教学方法的创新。创新创业教育是一种全新的教育模式，需要教师不断探索和尝试新的教学理念和方法，与时俱进，不断提高教学质量和教学效果。教师应当关注教育前沿的理论研究和实践探索，积极参与教育教学改革，提高自身的教育创新能力。

师资队伍的培训与发展需要建立健全的机制和体系。学校应当加强对教师的培训和指导，制订具体的培训计划和内容，有针对性地进行教师培训，提高教师的整体素质和能力水平。还需要建立教师评价和激励机制，对教学优秀的教师给予肯定和奖励，对教学欠佳的教师给予指导和帮助，促进教师的持续发展和进步。

师资队伍的培训与发展需要与学校的整体发展战略相统一。学校应当将师资队伍的培训与发展纳入学校发展规划和教育教学改革的总体部署中，明确发展目标和路径，加强组织领导和资源保障，确保师资队伍培训与发展工作的顺利进行。

高等职业院校创新创业教育的质量保障与持续改进机制需要依托于健全的师资队伍培训与发展体系。只有加强师资队伍的培训与发展，不断提升教师的专业水平和教学能力，才能够保障创新创业教育的质量和效果，培养更多具有创新创业精神的优秀人才。

(三)实践项目管理与效果评估

高等职业院校创新创业教育中，实践项目管理与效果评估、质量保障与持续改进机制是至关重要的环节。这些机制不仅能够确保教育的有效性和质量，还能够促进教育的持续发展和改进。实践项目管理是创新创业教育的核心组成部分。通过科学的项目管理，学校可以合理安排教学资源，确保教学活动的顺利开展。项目管理也能够帮助学生更好地理解创新创业的实践过程，培养他们的团队合作能力和项目管理能力。通过项目管理，学校可以为学生提供丰富多样的实践项目，帮助他们更好地掌握创新创业的核心技能和知识。

实践项目效果评估是保证教育质量的重要手段之一。通过评估项目的实际效果和学生的表现，可以客观地了解教育活动的成效和问题所在。评估结果可以为学校提供重要的参考和依据，帮助学校及时调整教学方案，优化教学内容，提升教学质量。评估结果也可以为学生提供反馈和指导，帮助他们更好地改进自己的学习和实践方式，提高创新创业能力。

质量保障是创新创业教育的基础。学校需要建立起科学完善的质量保障体系，确保教育活动的有效性和可持续发展。质量保障包括教学资源的有效利用、教学过程的监督管理、教学成果的评估认定等方面。通过质量保障机制，学校可以及时发现和解决教育活动中存在的问题，确保教育的顺利进行和取得良好的效果。

持续改进机制是创新创业教育的重要保障。创新创业领域变化快速，教育活动需要不断适应和调整。学校需要建立起灵活有效的持续改进机制，及时反馈和吸收各方面的意见和建议，不断优化教学内容和方法，提升教育质量和效果。持续改进机制也可以帮助学校保持教育活动的活力和竞争力，为学生提供更好的教育服务和支持。

实践项目管理与效果评估、质量保障与持续改进机制是高等职业院校创新创业教育的重要组成部分。这些机制不仅可以保证教育活动的有效性和质量，还能够促进教育的持续发展和改进，为学生的全面发展和未来的成功奠定坚实基础。

第四节 高等职业院校创新创业教育的未来趋势

一、技术与创新驱动的趋势

(一)技术与创新驱动的趋势

高等职业院校创新创业教育的未来趋势受到技术与创新驱动的影响。技术发展将为创新创业教育带来新的挑战和机遇。新兴技术的应用将改变教育方式和内容，创新创业教育将积极响应技术发展的趋势，注重学生创新能力和实践能力的培养。

未来，技术将成为创新创业教育的重要驱动力。人工智能、大数据、云计算等新兴技术的发展将为创新创业教育提供新的教学工具和平台。通过虚拟实验室、在线教学平台和智能辅助系统，学生可以获得更加个性化、多样化的学习体验，促进创新思维和实践能力的培养。

技术发展也将改变创新创业教育的内容和方法。未来，创新创业教育将更加注重跨学科和跨界融合，将工程技术、商业管理、社会科学等多个学科相结合，培养学生全面发展的能力和素质。教学内容将更加注重实践性和前沿性，引导学生关注科技创新、社会变革和可持续发展等重要议题。

除此之外，创新创业教育将注重学生创新能力和创业精神的培养。未来，创新创业教育将更加注重学生的实践能力和创新意识，通过项目式学习、实习等形式，培养学生解决实际问题的能力和团队合作精神。注重创业教育的培养，通过创业实践、企业访谈等方式，帮助学生了解市场机制、掌握创业技能，为未来的创业活动做好准备。

创新创业教育还将更加关注社会责任和可持续发展。未来，创新创业教育将引导学生关注社会问题、环境保护和可持续发展等重要议题，培养学生具有社会责任感和环保意识，推动科技创新和经济发展与社会进步相结合。

高等职业院校创新创业教育的未来趋势将受到技术与创新驱动的影响。未来，创新创业教育将更加注重技术应用、跨学科融合、实践能力培养和社会责任意识的培养，为学生的综合发展和社会进步做出积极贡献。

(二)数字化教育工具的广泛应用

高等职业院校创新创业教育的未来趋势将不可避免地与数字化教育工具的广泛应用密切相关。数字化教育工具的快速发展与普及为创新创业教育提供了丰富的可能性和机遇。未来，数字化教育工具将成为推动创新创业教育发展的重要动力，促进教学效果的提升，培养学生的创新创业能力和实践能力。数字化教育工具的广泛应用将丰富创新创业教育的教学内容和形式。通过数字化教育工具，教师可以为学生提供更加生动、直观的教学材料和教学资源，激发学生的学习兴趣和创新潜力。学生可以通过数字化教育工具进行自主学习和实践探索，拓展学习空间，提高学习效率和学习成果。

数字化教育工具的广泛应用将促进创新创业教育的个性化和差异化发展。数字化教育工具可以根据学生的个性化需求和学习情况，提供个性化的学习路径和学习资源，满足不同学生的学习需求和学习方式。教师可以根据学生的反馈和表现，及时调整教学策略和教学内容，提高教学的针对性和有效性。

再者，数字化教育工具的广泛应用将拓展创新创业教育的边界和空间。数字化教育工具可以突破时间和空间的限制，实现教学资源的共享和互动，促进教师与学生、学生与学生之间的交流与合作。通过数字化教育工具，学生可以跨越地域和时空的限制，参与到全球化的创新创业教育网络中，拓宽视野，开拓思路，增强国际竞争力。

数字化教育工具的广泛应用将推动创新创业教育的深度融合和协同发展。数字化教育工具可以与人工智能、大数据、云计算等新技术相结合，为创新创业教育提供更加智能化、个性化的服务和支持。数字化教育工具的广泛应用也需要教育管理部门、教育机构和教育企业之间的深度合作和共建，共同推动创新创业教育的发展和进步。

数字化教育工具的广泛应用将成为高等职业院校创新创业教育的未来趋势。通过数字化教育工具，可以丰富教学内容和形式，促进个性化和差异化发展，拓展教育边界和空间，推动教育深度融合和协同发展，为培养具有创新创业精神和实践能力的高素质人才打下坚实的基础。

(三)创新创业教育与新兴产业融合

高等职业院校的创新创业教育与新兴产业融合已成为未来发展的重要趋势。这种融合不仅能够满足社会对人才的需求，还能够推动创新创业教育的深化和发展。

创新创业教育与新兴产业融合的未来趋势表现在多个方面。教育内容将更加贴近新兴产业的发展需求。学校将根据新兴产业的发展方向和趋势，调整和优化创新创业教育的课程设置和内容，使之更加符合市场的需求和趋势。这样的教育内容不仅能够提高学生的就业竞争力，还能够促进新兴产业的健康发展。

教学方法将更加注重实践和应用。学校将通过与新兴产业企业的合作，为学生提供更多的实践机会和实践项目，让他们在实践中学习、在实践中成长。学校还将引入创新的教学方法和工具，激发学生的创新意识和创业精神，培养他们的创新能力和创业能力。

教育资源将更加多元化和全球化。学校将积极引进国内外优质的教育资源和人才，为学生提供更广阔的学习平台和发展空间。通过国际合作和交流，学生可以接触到更多的创新创业经验和成功案例，拓展视野、增长见识。

创新创业教育将更加注重创新文化和创业精神的培养。学校将通过各种途径和方式，培养学生的创新意识和创业精神，激发他们的创新潜能和创业能力。这种创新文化和创业精神将成为学生未来发展的重要支撑和动力。

创新创业教育与新兴产业融合是高等职业院校创新创业教育的未来趋势。这种融合将使教育内容更贴近市场需求，教学方法更注重实践和应用，教育资源更多元化和全球化，创新文化和创业精神得到更好地培养和发展。这样的趋势不仅有利于满足社会对人才的需求，也有利于促进创新创业教育的深化和发展，为社会和经济的可持续发展做出积极贡献。

二、全球化与国际合作的趋势

(一)跨境教育与国际交流

在国际交流越来越深刻的影响下,跨境教育将成为高等职业院校未来创新创业教育的重要组成部分,为学生提供广阔的国际视野和全球化的创业机会。国际交流将促进不同文化间的相互理解与合作,为创新创业教育注入新的活力与动力。

在未来,跨境教育将成为高等职业院校创新创业教育的重要发展方向。学校将积极推动国际化课程的开设和国际合作项目的开展,引入国际先进的创新创业理念和实践经验,为学生提供更加多样化、丰富化的学习资源和机会。通过与国外高校、企业和组织的合作,学生将有机会参与国际项目、实习交流等活动,拓宽视野、提升能力。

国际交流将成为创新创业教育的重要渠道和平台。学校将积极开展国际学术交流、学生交换项目和国际实习机会,为学生提供与国际同行交流学习的机会。通过参与国际会议、竞赛和展览等活动,学生将了解国际前沿技术和市场动态,拓展国际合作与交流的空间,提升创新创业能力。

未来,创新创业教育将注重培养学生的国际视野和跨文化沟通能力。学校将加强国际化人才培养的教育内容和方法,注重培养学生的跨文化意识和国际交流能力,使其具备适应全球化环境的能力和竞争力。通过开设国际化课程、组织国际实践项目和培养国际化人才,学校将为学生的职业发展和创业创新提供有力支持。

在国际交流方面,学校将加强与国外高校、企业和组织的合作与交流,拓展国际合作的广度和深度。通过建立国际联盟和合作网络,分享教育资源和经验,推动国际学术交流与合作,促进创新创业教育的不断发展与提升。

高等职业院校创新创业教育的未来趋势将受到跨境教育与国际交流的深刻影响。通过加强跨境教育的开展和国际交流的促进,学校将为学生提供更加丰富、多样的学习资源和机会,培养具有国际视野和全球竞争力的创新创业人才,推动创新创业教育的不断发展与壮大。

(二)国际认证与标准体系

高等职业院校创新创业教育的未来趋势将紧密关联于国际认证与标准体系的建立与应用。国际认证与标准体系对于高等教育的质量保障和国际交流合作具有重要意义。未来,随着全球化的深入发展和国际合作的日益加强,国际认证与标准体系在高等职业院校创新创业教育中的作用将日益凸显。

国际认证与标准体系可以提升创新创业教育的质量和水平。通过国际认证,高等职业院校创新创业教育可以获得国际认可,证明其教学质量和教学水平达到了国际标准,提升了学校和教育项目的国际影响力和竞争力。国际标准体系可以为创新创业教育的建设和发展提供参考和指导,帮助学校和教育机构更好地把握教育方向,提高教育质量和效果。

国际认证与标准体系有助于促进高等职业院校与国际的交流与合作。通过国际认证,高等职业院校的创新创业教育可以获得国际认可,与国际上的优质教育资源进行对接和交流,开展合作项目和交流活动,拓展教育视野,提升教育水平,增强国际交流与合作能力,为学生的国际化发展和就业提供更广阔的空间和机会。

国际认证与标准体系有助于提升创新创业教育的国际竞争力。国际认证可以增强创新创业教育的国际认可度和竞争力，在国际上树立良好的教育品牌形象，吸引更多的国际学生和优秀教师来校交流学习，推动学校和教育项目的国际化发展，为学生的国际化就业和发展提供更广阔的平台和机遇。

国际认证与标准体系有助于提升创新创业教育的国际影响力。通过国际认证，高等职业院校的创新创业教育可以获得国际认可，提高了学校和教育项目的国际声誉和影响力，在国际上树立了良好的教育形象和品牌，吸引更多国际学生和合作伙伴的关注和青睐，促进了学校和教育项目的国际化发展和提升。

国际认证与标准体系将成为高等职业院校创新创业教育的未来趋势。通过国际认证与标准体系的建立与应用，可以提升创新创业教育的质量和水平，促进与国际的交流与合作，提升国际竞争力和国际影响力，为创新创业教育的发展和提升打下坚实的基础。

(三)全球资源整合与联合研究

高等职业院校创新创业教育的未来趋势之一是全球资源整合与联合研究。这种趋势将推动教育的国际化发展，促进学校在创新创业教育领域的竞争力和影响力。

全球资源整合意味着学校将积极整合国内外优质的教育资源，包括教学资源、人才资源、科研资源等。通过与国外优秀大学、研究机构等建立合作关系，学校可以借助外部力量提升教育质量和水平。国际化的教育资源不仅可以丰富教学内容和方法，还可以拓展学生的视野和思维，增强他们的国际竞争力和综合素质。

联合研究是全球资源整合的重要组成部分。学校可以与国外优秀的研究机构、企业等开展联合研究项目，共同探讨创新创业领域的前沿问题和挑战。通过合作研究，学校可以充分利用国内外的优势资源和专业知识，提升科研水平和创新能力。这种联合研究不仅可以为学校带来更多的科研成果和技术创新，还可以为学生提供更广阔的学习和实践平台。

全球资源整合与联合研究将推动创新创业教育的深化和发展。学校可以通过引进国外优质的教育资源和研究成果，提升教育质量和水平，促进学生的全面发展和成长。学校还可以通过与国外合作伙伴的联合研究，探索创新创业领域的新理论、新方法和新模式，推动学科的创新和发展。这种全球资源整合与联合研究的趋势不仅有利于提升学校的国际竞争力和影响力，还能够为学生提供更广阔的发展空间和更多的就业机会。

全球资源整合与联合研究是高等职业院校创新创业教育的未来趋势之一。这种趋势有助于教育的国际化发展，促进学校在创新创业教育领域的竞争力和影响力。通过全球资源整合与联合研究，学校可以充分利用国内外的优势资源和专业知识，提升教育质量和水平，为学生的成长和发展提供更好的支持和保障。

第四章　高等职业院校创新创业教育的教育创新与实践

第一节　教育创新与高等职业院校创新创业教育的关系

一、教育创新理论与实践模式

(一)教育创新理论基础

教育创新的理论基础涵盖了多个学科领域的理论支持。教育学提供了关于教学与学习的基本理论，强调了学习者的自主性和建构性；心理学研究了学习过程中的认知、情感和行为，为教学方法和学习策略提供了理论支持；社会学关注教育在社会文化背景下的作用和影响；管理学提供了组织管理和领导理论，对教育管理和领导提出了指导性意见。

高等职业院校创新创业教育的理论基础包括以下几个方面。注重学生中心的教学模式。这种模式强调将学生置于学习的中心位置，关注他们的需求、兴趣和能力，激发他们的学习动力和创新潜能。强调实践导向的教学方法。创新创业教育注重将理论知识与实践技能相结合，通过项目式学习、实践活动和案例分析等形式，培养学生解决实际问题的能力和创新思维。再者，重视跨学科融合的教育模式。创新创业教育倡导跨学科合作与融合，将工程技术、商业管理、社会科学等多个学科相结合，培养学生全面发展的能力和素质。

创新创业教育还注重个性化发展与差异化教学。教育创新理论强调每个学生的个体差异，倡导灵活多样的教学方法和评价标准，充分考虑学生的学习风格、兴趣特点和学习进度，激发他们的学习热情和创造力。

在创新创业教育中，教育者扮演着重要角色。教育者需要具备专业知识和教学技能，了解学生的需求和特点，设计合适的教学内容和方法，激发学生的学习兴趣和创新潜能。教育者还需要不断更新知识和提升能力，积极参与教育研究和实践探索，推动教育创新的不断发展与进步。

高等职业院校创新创业教育的理论基础是多方面的，涵盖了教育学、心理学、社会学和管理学等多个学科领域的理论支持。通过借鉴和融合不同学科的理论，创新创业教育致力于培养学生的创新思维、实践能力和跨学科合作精神，为他们未来的职业发展和社会责任做好充分准备。

(二)教育创新实践模式

高等职业院校创新创业教育的教育创新实践模式具有多样性和灵活性。教育创新实践模式的构建与发展需要充分考虑学校的办学特色、师资队伍的情况、学生的需求以及社会的发展需求。以下是几种常见的教育创新实践模式。

一、实践导向型。这种模式注重实践操作和项目开发，强调学生通过实践活动学习知识和技能，培养学生的创新创业能力和实践能力。学生在项目中扮演不同角色，通过团队合作，解决实际问题，提升自己的综合素质。

二、产学研结合型。这种模式强调学校、企业和科研机构之间的紧密合作，将学术研究成果与产业需求相结合，共同开展创新创业项目。学生在实践中与企业、科研人员密切合作，获得真实项目经验，培养了解决实际问题的能力。

三、跨学科融合型。这种模式将不同学科的知识和技能进行融合，通过跨学科的教学模式，培养学生的综合能力和创新思维。学生在跨学科团队中，能够涉猎和了解其他学科的知识，促进自身的全面发展。

四、项目驱动型。这种模式以项目为中心，通过项目的组织和实施，推动教学和学习的开展。学生在项目中扮演不同角色，从项目中获取知识和技能，培养解决问题和创新的能力。教师则充当项目的指导者和辅导者，引导学生解决实际问题，促进学生的全面发展。

五、在线教育型。这种模式通过互联网和数字化技术，将教育资源进行线上化和网络化，为学生提供便捷的学习途径和丰富的学习资源。学生可以根据自己的时间和地点进行学习，灵活选择学习内容和学习方式，提升自己的学习效率和学习成果。

高等职业院校创新创业教育的教育创新实践模式是多样的，包括实践导向型、产学研结合型、跨学科融合型、项目驱动型和在线教育型等。不同模式有着各自的特点和优势，可以根据学校的实际情况和教育需求进行选择和结合，为学生的综合素质培养和创新创业能力提升提供有效支撑。

(三)教育创新对教育体系的影响

教育创新对教育体系的影响深远而重要。它打破了传统的教学模式，拓展了教育的边界，促进了学生的全面发展。在高等职业院校的创新创业教育中，教育创新更是发挥着至关重要的作用。

教育创新推动了教学方法和手段的不断更新。传统的教学模式往往以教师为中心，学生被动接受知识，缺乏积极性和参与性。而教育创新将学生置于教学的核心地位，倡导以学生为主体的教学方式，注重激发学生的学习兴趣和主动性。通过引入多样化的教学方法和手段，如案例分析、项目实践、实习实训等，教育创新使教学更加生动、灵活和有效。

教育创新促进了教育资源的共享与开放。过去，教育资源往往受到地域和学校的限制，学生难以获得全面的教育资源。而教育创新通过网络技术和信息化手段，实现了教育资源的跨地域、跨学校共享，让学生可以随时随地获取所需的教育资源和信息。这种开放式的教育模式为学生提供了更广阔的学习空间和更丰富的学习体验，有利于拓展他们的知识视野和学习能力。

教育创新还推动了教育内容的不断更新和优化。随着社会的变化和科技的发展，传统的教育内容和课程往往难以满足时代的需求和学生的发展。教育创新通过引入前沿的知识和理念，设计和开发与时俱进的课程内容和教学材料，使教育内容更加贴近现实生活和社会需求，更加符合学生的发展规律和个性特点。

教育创新促进了教育评估和质量保障机制的完善。传统的教育评估往往以考试成绩为主要指标，忽视了学生的综合能力和创新潜力。而教育创新注重全面发展和个性化教育，倡导多维度的评估方法，包括课堂表现、项目成果、综合能力等方面的评价，更加科学客观地反映学生的学习状态和发展水平。教育创新也强调持续改进和优化教育质量，建立起完善的质量保障体系，确保教育的有效性和可持续发展。

教育创新对教育体系的影响是全面而深远的。它推动了教学方法和手段的更新，促进了教育资源的共享与开放，推动了教育内容的更新与优化，促进了教育评估和质量保障机制的完善。

二、高等职业院校创新创业教育中的教育创新实践

（一）教育创新理念在创新创业教育中的运用

教育创新理念在高等职业院校创新创业教育中发挥着重要作用。教育创新的理念强调以学生为中心的教学模式、实践导向的教学方法、跨学科融合的教育模式以及个性化发展与差异化教学。这些理念在创新创业教育中得到了广泛运用与实践。教育创新强调以学生为中心的教学模式。在创新创业教育中，学生被视为学习的主体，教师则扮演着引导者和促进者的角色。学生的需求、兴趣和能力被充分考虑，教学内容和方法被设计为更加贴近学生实际需求的形式，激发学生的学习动力和创新潜能。

实践导向的教学方法在创新创业教育中得到了广泛应用。创新创业教育注重将理论知识与实践技能相结合，通过项目式学习、实践活动和案例分析等形式，培养学生解决实际问题的能力和创新思维。学生通过参与实际项目、创业实践等活动，积累实践经验，提升应对复杂情境的能力。

跨学科融合的教育模式也是教育创新理念在创新创业教育中的体现。创新创业涉及多个学科领域，包括工程技术、商业管理、社会科学等。创新创业教育倡导跨学科合作与融合，将不同学科的知识与技能相结合，培养学生全面发展的能力和素质。

个性化发展与差异化教学也是教育创新理念的重要体现。每个学生的学习需求和学习方式都有所不同，教育创新强调灵活多样的教学方法和评价标准，充分考虑学生的学习风格、兴趣特点和学习进度，激发他们的学习热情和创造力。

在创新创业教育的实践中，教育创新理念的运用体现在诸多方面。教师不再是简单的知识传授者，而是引导者和促进者，积极探索适合学生的教学方法和内容。教学内容更加贴近实际需求和市场需求，注重学生的实际操作能力和解决问题的能力。课程设置更加灵活多样，可以根据学生的兴趣和特长进行个性化选修，为学生提供更加丰富的学习体验和发展空间。

在创新创业教育中，学生也更加积极主动地参与学习，主动探索、实践和创新。学生在项目实践中学习，通过团队合作、实践探索，培养团队精神、创新意识和问题解决能力。他们不仅掌握了专业知识和技能，还培养了创新思维和创业精神，为未来的职业发展打下了坚实的基础。

教育创新理念在高等职业院校创新创业教育中得到了广泛应用与实践。以学生为中心的教学模式、实践导向的教学方法、跨学科融合的教育模式以及个性化发展与差异化教学，为学生提供了更加丰富、多样的学习体验和发展机会，为培养具有创新能力和创业精神的高素质人才奠定了坚实的基础。

(二)创新创业课程设计的教育创新

1. 课程体系的构建与更新

高等职业院校创新创业教育中的教育创新实践需要建立不断更新的课程体系，以适应社会发展和行业变革的需求。课程体系的构建与更新应当紧密结合创新创业教育的目标和特点，注重培养学生的创新创业能力和实践能力。

课程体系的构建应当注重专业化和实践性。创新创业教育是一种应用性较强的教育模式，需要将理论知识与实践能力相结合。课程体系应当围绕创新创业的核心内容和实践需求，设置专业化的课程和实践项目，让学生在实践中掌握知识、积累经验，提升创新创业能力。

课程体系的构建应当注重跨学科融合和综合性培养。创新创业涉及多个学科领域的知识和技能，需要跨学科的综合培养。课程体系应当打破学科壁垒，促进不同学科之间的融合与交叉，设置跨学科的课程和项目，培养学生的综合素质和创新思维。

再者，课程体系的构建应当注重实践导向和项目驱动。创新创业教育的核心在于实践，需要通过实际项目和案例来培养学生的实践能力和解决问题的能力。课程体系应当以实践为导向，以项目为驱动，设置丰富多样的实践项目和案例分析，让学生在实践中学习、探索和成长。

课程体系的更新应当紧跟行业发展和技术变革的步伐。创新创业教育需要与时俱进，及时调整和更新课程内容和教学方法，以适应社会发展和行业变革的需要。课程体系的更新应当充分考虑行业趋势和前沿技术，引入新的理论和实践内容，拓展学生的视野和思路，提高教育质量和教学效果。

高等职业院校创新创业教育中的教育创新实践需要建立不断更新的课程体系。课程体系的构建与更新应当注重专业化和实践性、跨学科融合和综合性培养、实践导向和项目驱动以及紧跟行业发展和技术变革的步伐。只有建立和不断更新符合时代需求和学生发展的课程体系，才能够更好地培养具有创新创业精神和实践能力的高素质人才。

2. 实践项目与案例教学

在高等职业院校的创新创业教育中，实践项目与案例教学是教育创新实践的重要组成部分。这种实践教学模式突破了传统的课堂教学模式，为学生提供了更加贴近实际、更加生动有效的学习体验。

实践项目是创新创业教育中的重要组成部分。通过实践项目，学生有机会将所学理论知识应用于实际项目中，锻炼自己的创新能力和实践能力。实践项目可以是学生参与的实际创业项目，也可以是学校组织的模拟创业项目。无论是哪种形式，实践项目都能够让学生在实践中学习、在实践中成长，为将来的创业实践做好充分的准备。

案例教学是创新创业教育的另一种重要教学模式。通过案例教学，学生可以接触到丰富多样的真实案例，了解创新创业过程中所面临的挑战和机遇。通过分析案例，学生可以从中汲取经验和教训，提高自己的分析和解决问题的能力。案例教学还可以激发学生的创新思维和创业意识，帮助他们更好地理解创新创业的本质和要义。

实践项目与案例教学的结合是创新创业教育的重要实践方式。通过将实践项目与案例教学相结合，可以使学生在实践中学习、在案例中思考，全面提升他们的创新创业能力。在实践项目中，学生可以将案例中学到的理论知识应用于实际项目中，检验其可行性和有效性；而在案例教学中，学生可以通过分析案例，总结经验教训，为自己的创业实践提供借鉴和启示。

实践项目与案例教学的教育创新实践，不仅为学生提供了更加丰富多样的学习体验，也为他们的职业发展和创业实践奠定了坚实的基础。通过实践项目与案例教学的教育创新实践，学生可以更好地理解创新创业的本质和要求，提升自己的创新思维和实践能力，为将来的职业发展打下坚实的基础。

实践项目与案例教学是高等职业院校创新创业教育中的重要教育创新实践。通过这种实践教学模式，学生可以在实践中学习、在案例中思考，全面提升自己的创新创业能力，为将来的职业发展和创业实践做好充分的准备。

第二节 创新创业教育的实践方法与策略

一、高等职业院校创新创业教育实践方法的设计与运用

(一)项目式学习与实践导向

项目式学习和实践导向是高等职业院校创新创业教育中重要的教育实践方法。项目式学习强调学生通过参与项目活动，探索解决实际问题的方法和路径。实践导向则注重将理论知识与实际操作相结合，培养学生解决问题和创新的能力。这两种方法的设计和运用在创新创业教育中具有重要意义。

项目式学习是一种以项目为载体的教学模式，学生通过参与项目活动，自主探究、合作解决问题。项目式学习强调学生的主动参与和实践探索，注重培养学生的团队合作能力、问题解决能力和创新思维。在高等职业院校创新创业教育中，项目式学习的设计和运用可以激发学生的学习兴趣和动力，培养他们的实践能力和创业精神。通过设计具有挑战性和实践性的项目任务，学生可以在实践中积累经验、提升技能，拓展视野、增强竞争力。

实践导向是一种将理论知识与实际操作相结合的教学方法，强调学生在实践中学习、在实践中探索。实践导向的教学活动包括实验、实习、实训等形式，通过真实场景和情景模拟，让学生接触实际工作和项目实践，培养他们解决实际问题和应对挑战的能力。在高等职业院校创新创业教育中，实践导向的设计和运用可以提高学生的实际操作能力和应用能力，增强他们的就业竞争力和创新创业能力。通过参与实际项目、实习实训等活动，学生可以将所学知识运用到实际工作中，提升解决问题和创新的能力。

项目式学习和实践导向在创新创业教育中的设计和运用需要注意以下几点。要注重项目任务的设计和选择。项目任务应具有挑战性和实践性，能够激发学生的学习兴趣和创新潜能。要重视团队合作和协作能力的培养。项目式学习强调团队合作和协作，学生需要在团队中发挥各自的优势，共同解决问题。再者，要关注实践环境和资源的营造。为了促进学生的实践能力和创新思维，学校应提供良好的实践环境和资源支持，如实验室设施、实习实训基地等。要注重教师的指导和引导作用。教师应扮演着项目指导者和学习导师的角色，指导学生制订项目计划、解决问题，提供必要的支持和指导。

项目式学习和实践导向是高等职业院校创新创业教育中重要的教育实践方法。通过项目式学习和实践导向的设计和运用，可以激发学生的学习兴趣和动力，培养他们的实践能力和创新创业精神，为其未来的职业发展和社会责任做好充分准备。

(二)创业实训与模拟经营

1.创业课程的设计与实施

高等职业院校创新创业教育的实践方法设计与运用是创业课程设计与实施的核心。创业课程的设计应注重与实际创业实践紧密结合，突出学生的创新能力和实践能力培养。创业课程的设计需要

以市场需求和创业趋势为导向，紧密结合当下社会经济形势和创业环境，设置与实际创业项目相关的课程内容和教学资源，激发学生的创业潜能和创新精神。

创业课程的设计应注重跨学科融合和实践导向。创业活动涉及多个学科领域的知识和技能，需要跨学科的综合培养。创业课程设计应打破学科壁垒，引入多元化的教学资源和实践项目，促进不同学科之间的融合与交叉，培养学生的创业思维和实践能力。

创业课程的设计需要注重项目驱动和实践探索。创业是一项实践性较强的活动，需要通过项目实践来培养学生的创业能力和实践经验。创业课程设计应注重项目实践和实践探索，设置与实际创业项目相关的课程任务和实践项目，让学生在实践中学习、探索和成长。

创业课程的设计需要充分考虑学生的个性化需求和学习特点。创业教育涉及个体的创业行为和创新思维，创业课程设计应充分尊重学生的个性和兴趣，注重培养学生的创新意识和创业精神，激发学生的创业潜能和创新动力。

创业课程的设计需要注重教学方法的多样化和灵活运用。创业教育需要通过多种教学方法和手段来激发学生的创新思维和创业意识。创业课程设计应兼顾理论教学和实践操作，采用案例分析、讨论研讨、项目实践等多种教学方法，灵活运用，促进学生的全面发展和综合素质提升。

高等职业院校创新创业教育的实践方法设计与运用是创业课程设计与实施的关键环节。创业课程的设计应注重与实际创业实践紧密结合，突出跨学科融合和实践导向，注重项目驱动和实践探索，充分考虑学生的个性化需求和学习特点，注重教学方法的多样化和灵活运用，共同促进创业教育的深入发展和学生创新创业能力的全面提升。

2. 创业案例分析与解析

高等职业院校创新创业教育的实践方法设计与运用至关重要。创业案例分析与解析是一种有效的实践方法，它能够帮助学生更好地理解创业实践的本质和挑战，提升其创业能力和实践水平。

创业案例分析是通过深入剖析实际创业案例，从中总结成功和失败的经验教训，为学生提供宝贵的启示和借鉴。在这个过程中，学生不仅可以了解创业过程中所面临的各种挑战和困难，还可以从成功案例中学习创业者的成功经验和智慧。通过分析案例，学生可以培养自己的创新思维和创业意识，提升自己的分析和解决问题的能力。

创业案例解析是将案例分析与课堂教学相结合，通过讨论和分析案例，引导学生深入思考和探讨，培养他们的创新意识和创业精神。在这个过程中，教师可以通过提出问题和引导讨论，激发学生的思维和创造力，促进他们的学习和成长。通过案例解析，学生可以从中学习创新创业的核心要素和成功之道，为自己的创业实践提供有益的参考和指导。

设计与运用创业案例分析与解析的实践方法需要结合教学目标和学生的实际情况，采取多种教学手段和方法，提高教学效果和学习体验。教师可以通过精心挑选和设计具有代表性和启发性的创业案例，引导学生深入分析和思考。教师还可以组织小组讨论、角色扮演、实地考察等形式，激发学生的学习兴趣和参与度，提高教学效果和学习效果。

在实践方法的设计与运用中，还需要注重培养学生的实践能力和团队合作精神。教师可以通过组织实践项目和创业比赛等形式,让学生身临其境,亲身体验创业的乐趣和挑战。教师还可以鼓励学生积极参与团队合作,分享经验和资源,共同完成创业项目,提升团队协作能力和创新能力。

创业案例分析与解析是一种有效的实践方法,能够帮助学生更好地理解创业实践的本质和挑战,提升其创业能力和实践水平。设计与运用这种实践方法需要教师深入理解教学目标和学生需求,采取多种教学手段和方法,提高教学效果和学习体验。通过创业案例分析与解析的实践方法,可以为高等职业院校创新创业教育的深化和发展提供有力支持和保障。

二、高等职业院校创新创业教育的实施策略与优化机制

(一)跨学科融合与课程创新

高等职业院校创新创业教育的实施策略与优化机制需要重视跨学科融合与课程创新。跨学科融合意味着将不同学科领域的知识、理论和实践相互结合,为学生提供更加全面、多元化的学习体验和素质培养。课程创新则强调在教学内容、教学方法和教学手段等方面进行革新和改进,以适应时代发展和学生需求的变化。在实施创新创业教育的策略中,跨学科融合是一项关键举措。创新创业涉及多个学科领域,包括工程技术、商业管理、社会科学等。跨学科融合可以帮助学生理解和应用不同学科的知识和技能,培养综合运用知识解决问题的能力。通过设计跨学科的课程和项目,让学生在实践中探索、合作和创新,拓展视野、提升综合素质。

课程创新是实施创新创业教育的重要手段和途径。课程创新包括内容创新、教学方法创新和评价方式创新等方面。在内容方面,课程应围绕创新创业主题,设置丰富多样的教学内容和实践活动,涵盖理论知识和实际案例,使学生能够全面了解创新创业领域的相关知识和技能。在教学方法方面,课程应采用多样化、灵活性的教学方法,如案例分析、项目式学习、实践实习等,激发学生的学习兴趣和创新潜能。在评价方式方面,应注重能力评价和素质评价,通过综合评价学生的实际表现和成果,促进其全面发展和个性成长。

实施创新创业教育的优化机制需要建立健全的体系和机制。需要建立跨学科融合的课程设置和教学团队。学校可以组建跨学科的教学团队,包括来自不同学科领域的教师和专家,共同设计和开发创新创业课程,为学生提供全方位的学习支持和指导。需要建立课程评估和反馈机制。学校可以定期对课程进行评估和调查,收集学生和教师的反馈意见,及时发现问题和改进措施,提高课程的教学质量和效果。再者,需要建立学生支持和辅导体系。学校可以设立创新创业教育中心或者创业孵化器,为学生提供创新创业项目的孵化和支持服务,培养他们的创业意识和创新能力。

高等职业院校创新创业教育的实施策略与优化机制需要重视跨学科融合与课程创新。通过跨学科融合,可以提供更加全面、多元化的学习体验和素质培养;通过课程创新,可以激发学生的学习兴趣和创新潜能。建立健全的跨学科融合课程和教学团队、建立课程评估和反馈机制、建立学生支持和辅导体系等优化机制,可以提高创新创业教育的教学质量和效果,为学生的职业发展和社会责任的承担做好充分准备。

(二)学术研究与实践结合

高等职业院校创新创业教育的实施策略与优化机制中,学术研究与实践的结合至关重要。这种结合能够促进教育教学的深度和广度,推动学生的全面发展和创新创业能力的提升。

学术研究与实践结合需要建立良好的合作机制。学校应当加强与企业、行业协会和科研机构等的合作,搭建起学术研究与实践结合的平台和渠道。通过开展合作项目、共建实验基地和共享资源等方式,实现学术研究与实践的有机融合,为创新创业教育提供更丰富的资源支持。

学术研究与实践结合需要建立有效的交流机制。学校应当加强师生之间的交流与合作,打破学术界和实践界之间的界限,促进知识和经验的共享和传递。通过开展学术讲座、实践导师制度和校企合作项目等方式,激发师生的创新创业意识,提升教学质量和教学效果。

学术研究与实践结合需要建立有效的评价机制。学校应当建立科学合理的评价体系,对学术研究和实践活动进行全面评估和监测,及时发现问题和不足,促进教育教学的持续改进和提升。通过学生评价、专家评审和社会反馈等方式,评估学术研究与实践结合的效果和成效,为优化机制提供科学依据。

学术研究与实践结合需要建立良好的激励机制。学校应当建立激励机制,鼓励教师和学生积极参与学术研究和实践活动,推动学术研究与实践的深度融合和全面发展。通过设立奖励机制、评优评先制度和资助项目等方式,激发师生的创新创业热情,提高学校创新创业教育的整体水平和影响力。

高等职业院校创新创业教育的实施策略与优化机制中,学术研究与实践的结合是至关重要的。学校应当建立良好的合作机制、有效的交流机制、科学合理的评价机制和良好的激励机制,推动学术研究与实践的深度融合,促进创新创业教育的全面发展和提升。

(三)学生发展与职业规划

高等职业院校创新创业教育的实施策略与优化机制至关重要。学生的发展与职业规划是创新创业教育的核心目标之一。为实现这一目标,学校可以采取以下策略和优化机制。

个性化辅导与指导。为了促进学生的个性化发展与职业规划,学校可以建立个性化辅导与指导机制。这种机制可以通过导师制度或学业指导中心来实现,为学生提供一对一的辅导服务。导师可以帮助学生了解自己的兴趣、优势和发展方向,制订个性化的学习和职业规划方案,引导他们实现自己的人生目标和职业梦想。

实践项目与实习机会。这两种形式是学生发展与职业规划的重要途径。学校可以与企业、行业协会等建立合作关系,为学生提供丰富多样的实践项目和实习机会。通过参与实践项目和实习活动,学生可以了解行业发展趋势和职业要求,积累实践经验,拓展人脉关系,为将来的职业发展打下良好的基础。

职业生涯规划课程。为了帮助学生更好地进行职业规划,学校可以开设职业生涯规划课程。这种课程可以包括职业生涯规划理论与方法、职业市场分析与就业趋势、职业发展技巧与能力提升等内容。通过系统的职业生涯规划课程,学生可以了解职业发展的基本原理和方法,提升自己的职业竞争力和适应能力。

校企合作与就业服务。这两种形式是学校帮助学生顺利就业和职业发展的重要途径。学校可以与企业建立长期稳定的合作关系，开展校企合作项目、企业访问与交流等活动，为学生提供更多的就业机会和发展平台。学校还可以建立健全的就业服务体系，为学生提供就业指导、职业咨询、招聘信息等服务，帮助他们顺利实现就业和职业发展目标。

评估与改进机制。为了不断优化创新创业教育的实施效果，学校可以建立完善的评估与改进机制。通过定期对学生的发展与职业规划进行评估和跟踪，了解教育活动的实际效果和存在的问题，及时调整和优化教学方案和实施策略。学校还可以通过开展学生满意度调查、毕业生追踪调查等活动，收集学生的意见和建议，不断改进教育服务，提升教育质量和水平。

个性化辅导与指导、实践项目与实习机会、职业生涯规划课程、校企合作与就业服务、评估与改进机制等策略和优化机制是高等职业院校创新创业教育实施中的重要环节。通过有效地实施这些策略和机制，学校可以更好地促进学生的个性化发展与职业规划，为他们的职业生涯奠定坚实的基础。

第三节 高等职业院校创新创业教育中的教育科技应用

一、教育科技的理论基础与创新应用

(一)教育科技的发展概况

教育科技的发展概况展现了信息技术对教育领域的深刻影响。教育科技的发展历程涵盖了从传统的教学模式向数字化、在线化、个性化、智能化方向的转变。这一发展趋势引领了高等职业院校创新创业教育中教育科技应用的逐步完善和深入推进。教育科技应用的关键在于利用现代技术手段改善教学和学习体验。教育科技的发展涵盖了教学资源数字化、在线学习平台建设、个性化学习系统设计等方面。随着网络技术的发展，学生和教师可以通过互联网获取文本、视频、音频、图像等形式的学习资料与教学资源。在线学习平台为学生提供了灵活的学习时间和空间，使他们可以随时随地通过网络学习课程内容。个性化学习系统则根据学生的学习习惯、兴趣特点和学习能力，为其量身定制学习计划和课程设置，提供个性化的学习服务和指导。

在高等职业院校创新创业教育中，教育科技应用具有重要意义。教育科技可以丰富教学内容和方法，提高教学效率和质量。通过利用多媒体技术和虚拟实验平台，教师可以生动地展示教学内容，激发学生的学习兴趣和创新潜能。教育科技可以拓展学生的学习空间和资源。学生可以通过网络平台获取丰富多样的学习资源和实践机会，拓展视野、提升能力。再者，教育科技可以促进学生与教师之间的互动和交流。通过在线学习平台和社交媒体平台，学生和教师可以进行即时沟通和互动，分享学习心得和教学经验，促进信息共享和资源共建。教育科技可以实现教学过程的个性化和智能化。通过教育大数据分析和人工智能技术应用，可以对学生学习行为和学习效果进行精准监测和评估，为教学改进和个性化指导提供数据支持和决策参考。

教育科技应用也面临着一些挑战和问题。教育科技的应用需要充分考虑教学内容的质量和教学效果的评估。虽然教育科技可以丰富教学资源和拓展学习空间，但如何保证教学内容的权威性和可信度，如何评估教学效果和学习成果，仍然是需要解决的难题。教育科技的应用需要充分考虑学生的个人隐私和数据安全。教育科技涉及大量个人信息和学习数据的收集和分析，如何保护学生的隐私权和数据安全，是一个需要重视的问题。再者，教育科技的应用需要充分考虑教师的角色和作用。教育科技的发展可能会对传统教学模式和教师的角色产生影响，教师需要适应新技术、更新知识、提升能力，才能更好地发挥教育科技的优势和作用。

教育科技的发展为高等职业院校创新创业教育提供了重要的机遇和挑战。教育科技的应用可以丰富教学内容和方法、拓展学习空间和资源、促进学生与教师之间的互动和交流、实现教学过程的个性化和智能化。教育科技的应用还需要充分考虑教学内容的质量和教学效果的评估、学生的个人隐私和数据安全、教师的角色和作用等问题，才能更好地推动高等职业院校创新创业教育的发展与进步。

(二)教育科技的创新应用案例

1. 在线学习平台的成功实践

高等职业院校创新创业教育中的教育科技应用方面,在线学习平台的成功实践具有重要意义。在线学习平台为创新创业教育提供了新的可能性和机遇。

在线学习平台可以丰富教学资源和教学内容,提供灵活多样的学习方式和学习资源。学生可以根据自己的时间和地点选择学习课程和学习内容,实现个性化学习,提高学习的效率和质量。

在线学习平台可以促进教师与学生之间的互动与交流,拓展教学边界和空间。教师可以通过在线学习平台发布课程资料和作业任务,与学生进行在线讨论和答疑,提供个性化的学习指导和支持,促进学生的学习动力和学习效果。在线学习平台还可以提供数据分析和评估功能,帮助教师了解学生的学习情况和学习进度,及时调整教学策略和教学内容,提高教学的针对性和有效性。

成功的在线学习平台需要与教育教学实践相结合,充分考虑学生的学习需求和学习特点,不断改进和优化平台功能和服务,为创新创业教育的深入发展和学生创新创业能力的全面提升提供有力支持。

2. 融合现代技术的虚拟实验

高等职业院校创新创业教育中,教育科技应用是至关重要的。融合现代技术的虚拟实验是其中一项关键举措。这种教育科技应用能够为学生提供更丰富、更生动、更具实践性的学习体验。虚拟实验提供了更安全、更便捷的学习环境。在传统实验室中进行实验可能存在一定的安全风险,而虚拟实验可以在确保安全的环境中进行。学生可以通过计算机模拟实验操作,进行多次尝试和实践,提高实验操作技能,加深对实验原理的理解,而且不受时间和地点限制,提高了学习的灵活性和效率。

虚拟实验拓展了学生的实践能力和创新思维。通过虚拟实验,学生可以模拟不同的实验情景和条件,探索各种可能性,培养他们的观察力、分析能力和解决问题的能力。学生还可以通过虚拟实验设计自己的实验方案,尝试各种方法和策略,激发他们的创新意识和创业精神。

虚拟实验丰富了教学内容和方法。传统的实验教学可能受到设备、时间和经费等因素的限制,无法覆盖所有的实验内容和方法。而虚拟实验可以通过多媒体技术和计算机模拟技术,展示各种复杂的实验过程和现象,丰富了教学内容,提高了教学的多样性和趣味性。虚拟实验还可以结合现代技术,如虚拟现实技术、增强现实技术等,为学生提供更加身临其境的学习体验,加强学习的互动性和参与性。

虚拟实验还促进了教学资源的开放共享。传统实验室设备昂贵,无法满足所有学生的需求,而虚拟实验可以通过网络平台和云计算技术,实现教学资源的开放共享。学生可以随时随地通过网络平台进行虚拟实验,充分利用教育资源,拓展学习空间,提高学习效率和质量。

融合现代技术的虚拟实验是高等职业院校创新创业教育中的重要教育科技应用。它提供了安全、便捷的学习环境,拓展了学生的实践能力和创新思维,丰富了教学内容和方法,促进了教学资源的共享和开放。通过推广和应用虚拟实验技术,可以为创新创业教育提供更加丰富、更加灵活的学习方式,促进学生的全面发展和成长。

二、高等职业院校创新创业教育中的教育科技实践

(一)在线教育平台与课程创新

在线教育平台与课程创新在高等职业院校创新创业教育中扮演着重要角色。在线教育平台为学生提供了灵活、便捷的学习方式，而课程创新则为教育内容和方法的更新注入了新的活力，二者相辅相成，共同推动着教育科技实践的发展。在线教育平台的兴起为高等职业院校创新创业教育带来了巨大的改变。学生可以通过在线平台随时随地访问教学资源和课程内容，自主安排学习时间和进度。这种灵活性使得学习不再受制于时间和空间的限制，有助于学生更好地掌握知识和技能。在线教育平台还提供了多样化的学习资源和教学工具，如视频讲解、在线讨论、实践项目等，丰富了教学手段，提升了教学效果。

课程创新是高等职业院校创新创业教育的重要组成部分。通过课程创新，可以更新教学内容和方法，提高教学质量和效果。创新创业教育需要紧跟时代发展和行业需求的变化，不断调整和更新课程设置，引入最新的理论和实践成果。课程创新还可以借助现代教育技术，设计更加生动、具有挑战性的教学内容和任务，激发学生的学习兴趣和创新潜能。

教育科技实践在高等职业院校创新创业教育中具有重要意义。教育科技实践可以丰富教学内容和方法，提高教学效率和质量。通过在线教育平台和多媒体技术，教师可以生动地展示教学内容，激发学生的学习兴趣和创新潜能。教育科技实践可以拓展学生的学习空间和资源。学生可以通过网络平台获取丰富多样的学习资源和实践机会，拓展视野、提升能力。再者，教育科技实践可以促进学生与教师之间的互动和交流。通过在线学习平台和社交媒体平台，学生和教师可以进行即时沟通和互动，分享学习心得和教学经验，促进信息共享和资源共建。教育科技实践可以促进教学过程的个性化和智能化。通过教育大数据分析和人工智能技术应用，可以实现对学生学习行为和学习效果的精准监测和评估，为教学改进和个性化指导提供数据支持和决策参考。

教育科技实践也面临着一些挑战和问题。教育科技实践需要充分考虑教学内容的质量和教学效果的评估。虽然教育科技可以丰富教学资源和拓展学习空间，但如何保证教学内容的权威性和可信度，如何评估教学效果和学习成果，仍然是需要解决的难题。教育科技实践需要充分考虑学生的个人隐私和数据安全。教育科技涉及大量个人信息和学习数据的收集和分析，如何保护学生的隐私权和数据安全，是一个需要重视的问题。再者，教育科技实践需要充分考虑教师的角色和作用。教育科技的发展可能会对传统教学模式和教师的角色产生影响，教师需要适应新技术、更新知识、提升能力，才能更好地发挥教育科技的优势和作用。

教育科技的发展为高等职业院校创新创业教育提供了重要的机遇和挑战。教育科技的应用可以丰富教学内容和方法、拓展学习空间和资源、促进学生与教师之间的互动和交流、实现教学过程的个性化和智能化。教育科技的应用还需要充分考虑教学内容的质量和教学效果的评估、学生的个人隐私和数据安全、教师的角色和作用等问题，才能更好地推动高等职业院校创新创业教育的发展与进步。

(二)虚拟实践与实验教学

高等职业院校创新创业教育中的教育科技实践中,虚拟实践与实验教学具有重要作用。虚拟实践与实验教学通过教育科技手段,为学生提供了与实际创业环境类似的体验和实践机会,促进了学生的创新创业能力的培养与提升。

虚拟实践与实验教学丰富了教学内容和教学形式。通过虚拟实践和实验教学,学生可以在模拟的创业环境中进行实践操作和项目开发,了解创业流程和创业要素,掌握创业技能和实践经验,增强了学生的实践能力和创新意识。

虚拟实践与实验教学提高了教学效率和教学质量。通过教育科技手段,学生可以随时随地进行虚拟实践和实验教学,避免了时间和空间上的限制,提高了学习的灵活性和便捷性。教师可以根据学生的实际情况和学习进度,及时调整教学内容和教学方法,提高了教学的针对性和有效性。

虚拟实践与实验教学拓展了教学边界和教学空间。通过虚拟实践和实验教学,学生可以接触到更广泛的创业知识和创业案例,拓展了学生的视野和思路,增强了学生的创新创业意识和实践能力。虚拟实践和实验教学也为学生提供了与企业合作和行业交流的平台,促进了学生的就业和发展。

虚拟实践与实验教学需要与实际教学实践相结合,注重教育科技的应用和教学效果的评估。虚拟实践与实验教学应根据学生的实际需求和学习特点,设计和开发符合教学要求和教学目标的虚拟实践环境和实验教学资源,不断改进和优化教学内容和教学方法,提高教学的质量和效果。

虚拟实践与实验教学在高等职业院校创新创业教育中的教育科技实践中具有重要意义。通过虚拟实践和实验教学,可以丰富教学内容和教学形式,提高教学效率和教学质量,拓展教学边界和教学空间,促进学生创新创业能力的全面提升,为创新创业教育的深入发展和学生创新创业能力的全面提升提供有力支持。

(三)区块链技术在学历认证中的应用

学历认证是高等教育中的一项关键工作,而区块链技术的应用为学历认证带来了新的可能性。在高等职业院校创新创业教育中,利用区块链技术进行学历认证是一种重要的教育科技实践。

区块链技术可以确保学历认证的安全性和可信度。区块链是一种去中心化的分布式账本技术,所有的数据都存储在网络中的多个节点上,具有防篡改、不可篡改的特点。通过区块链技术,学历认证的信息可以被加密存储和传输,确保数据的安全性和隐私性。由于区块链上的数据不可篡改,学历认证信息的真实性和可信度也得到了有效的保障。

区块链技术可以简化学历认证的流程和程序。传统的学历认证往往需要学校、教育部门、用人单位等多个机构的参与,流程复杂、周期长。而利用区块链技术,学生的学历信息可以被永久记录在区块链上,用人单位可以直接查询区块链上的数据,无需再通过烦琐的认证流程。这样可以大大提高学历认证的效率和便利性,为毕业生的就业和职业发展提供更好的支持。

区块链技术还可以促进学历信息的共享和交流。传统的学历认证往往受到地域和机构的限制,学生在不同的地区或机构之间转移学历信息往往困难重重。而利用区块链技术,学历信息可以在不同的区域和机构之间实现无缝交流和共享,提高学历信息的流动性和透明度,为学生的学习和就业提供更多的选择和机会。

区块链技术的应用还可以推动学历认证的创新和升级。随着区块链技术的不断发展和完善，未来可能会出现更多基于区块链的学历认证应用，如智能合约、去中心化身份验证等，进一步提升学历认证的效率和安全性。区块链技术的应用也会推动学校和教育部门加强对学历认证的管理和监督，建立起完善的学历认证体系，保障学历信息的真实性和可靠性。

区块链技术在学历认证中的应用是高等职业院校创新创业教育中重要的教育科技实践。通过利用区块链技术，可以确保学历认证的安全性和可信度，简化认证流程和程序，促进学历信息的共享和交流，推动学历认证的创新和升级。这种教育科技实践为高等职业院校的教育教学工作提供了新的思路和方法，促进了教育的信息化和智能化发展。

第四节　跨学科合作与高等职业院校创新创业教育

一、跨学科合作的理论基础与概念
(一)跨学科合作的概念解析

跨学科合作是不同学科领域之间的合作与交流，旨在解决复杂问题、促进创新和推动学科发展。这种合作形式涵盖了跨越学科边界的多种合作模式，包括学科融合、跨学科研究团队、跨学科项目合作等。跨学科合作强调的是多学科之间的交流互动，以促进知识创新和问题解决。在高等职业院校创新创业教育中，跨学科合作发挥着重要作用。跨学科合作可以丰富教学内容和方法，促进跨学科知识的交流和融合。通过跨学科合作，不同学科领域的教师和学生可以共同探讨、共同学习，拓展学科边界，丰富教学资源，提高教学效果。跨学科合作可以培养学生的综合能力和创新精神。学生参与跨学科合作项目，不仅可以增加他们的学科知识，还可以锻炼他们的团队合作能力、问题解决能力和创新思维。再者，跨学科合作可以促进教师和学生之间的互动和交流。教师可以通过跨学科合作项目与学生建立更加紧密的联系，了解学生的需求和兴趣，为他们提供个性化的学习支持和指导。跨学科合作可以促进创新创业教育的实践性和应用性。通过跨学科合作项目，学生可以将所学知识应用到实际问题解决中，培养实践能力和创新精神，为未来的创业和就业做好准备。

跨学科合作也面临着一些挑战和困难。不同学科领域之间存在着语言、思维方式和工作习惯的差异，可能会影响合作的顺利进行。跨学科合作需要统一的目标和组织管理机制，需要各方协调合作、充分沟通，才能确保合作项目的顺利实施。再者，跨学科合作需要教师和学生具备跨学科思维和能力，能够理解和应用不同学科的知识和方法，进行有效的合作和交流。跨学科合作需要充分考虑学生的个人发展和成长，避免过分强调学科知识和技能的传授，忽视学生的综合能力和创新意识的培养。

跨学科合作是推动高等职业院校创新创业教育发展的重要途径之一。跨学科合作可以丰富教学内容和方法，培养学生的综合能力和创新精神，促进教师和学生之间的互动和交流，提高教学质量和效果。跨学科合作也面临着一些挑战和困难，需要各方共同努力，不断探索和创新，为高等职业院校创新创业教育的发展提供更加坚实的基础和支持。

(二)跨学科合作的理论基础

高等职业院校创新创业教育中的跨学科合作是建立在多元学科之间的合作与交流基础上的。跨学科合作的理论基础在于认识到不同学科之间的相互关联和相互促进，通过跨学科合作，可以更好地应对复杂的挑战和问题，促进创新创业教育的全面发展。

跨学科合作的理论基础之一是认知心理学。认知心理学研究了人类思维和认知活动的规律，强调知识之间的相互联系和交叉影响。通过跨学科合作，不同学科之间的知识和思维可以相互交流和碰撞，促进新思维的产生和新观念的涌现，为创新创业教育提供了丰富的思维资源和创新动力。

跨学科合作的理论基础之二是系统理论。系统理论认为，复杂系统是由各种相互作用的要素组成的，要理解系统的整体性和复杂性，需要从整体的角度去看待问题，强调系统要素之间的相互联系和相互作用。通过跨学科合作，可以将不同学科的知识和技能有机地整合起来，形成系统性的思维和方法，促进创新创业教育的系统性和综合性发展。

跨学科合作的理论基础之三是社会建构主义。社会建构主义认为，知识和社会是相互构成的，人们通过社会交往和共享经验，构建了共同的认知和价值观念。通过跨学科合作，不同学科的专家和学者可以在共同的平台上进行交流和合作，共同探讨问题和解决挑战，促进创新创业教育的社会性和实践性发展。

跨学科合作的理论基础之四是科技进步和知识创新。科技进步和知识创新是跨学科合作的重要动力和推动力量，不同学科之间的交叉和融合促进了新技术的发展和新知识的产生。通过跨学科合作，可以将不同学科的专业知识和技术经验相互融合，形成新的创新模式和创新方法，推动创新创业教育的不断进步和发展。

高等职业院校创新创业教育中的跨学科合作建立在多种理论基础之上，包括认知心理学、系统理论、社会建构主义和科技进步与知识创新等。通过跨学科合作，不同学科之间的专业知识和技能得以交流和融合，促进了创新创业教育的全面发展和学生创新创业能力的提升。

(三)跨学科合作在高等职业院校创新创业教育中的定位

高等职业院校创新创业教育中的跨学科合作具有重要的定位。跨学科合作是不同学科领域间的合作与交流，旨在通过整合各学科的知识和技能，促进创新创业教育的全面发展与提升。

跨学科合作为创新创业教育提供了多元化的视角和思维方式。不同学科领域具有各自独特的视角和思维模式，通过跨学科合作，可以将不同学科的专业知识和经验相互融合，为学生提供更加多元化、开放式的学习环境。学生可以从不同学科领域获取知识和启发，拓展视野，培养跨学科思维和创新能力。

跨学科合作促进了创新创业教育的综合性和系统性发展。创新创业教育涉及多个方面，包括科学技术、商业管理、市场营销等多个学科领域。通过跨学科合作，可以将不同学科的知识和技能有机整合，构建起更加综合和系统的创新创业教育体系。这有助于学生全面理解创新创业的本质和要求，提升其综合应用能力和解决问题的能力。

跨学科合作促进了创新创业教育与社会需求的紧密结合。创新创业教育的目标之一是培养适应社会发展需求的高素质创新创业人才。通过跨学科合作，可以及时了解社会发展的新趋势和新需求，调整和优化创新创业教育的内容和方法，使其更加符合社会需求，提高教育质量和效果。

跨学科合作拓展了创新创业教育的合作与交流渠道。不同学科领域的教师和研究人员可以通过跨学科合作展开深入合作与交流，共同探讨创新创业教育的理论与实践问题，开展创新创业项目和实践活动，促进学校内外资源的共享与整合，为创新创业教育提供更丰富的资源和支持。

跨学科合作在高等职业院校创新创业教育中具有重要的定位。它为创新创业教育提供了多元化的视角和思维方式，促进了教育的综合性和系统性发展，紧密结合了创新创业教育与社会需求，拓展了合作与交流渠道。通过深化跨学科合作，可以进一步推动创新创业教育的发展，培养更多适应社会发展需要的高素质创新创业人才。

二、高等职业院校创新创业教育中的跨学科合作实践

(一)课程设计与跨学科融合

高等职业院校创新创业教育中的跨学科合作实践是一种重要的教育模式，其核心在于课程设计与跨学科融合。课程设计是教育教学过程中的关键环节，而跨学科融合则意味着将不同学科的知识、理论和实践相互结合，为学生提供更加全面、多元化的学习体验和素质培养。

跨学科合作实践的第一步是进行课程设计。在高等职业院校创新创业教育中，课程设计应该以跨学科融合为基础，立足于行业需求和学生需求，结合不同学科的知识和技能，设计具有前瞻性和实践性的课程内容和教学活动。课程设计的目标是培养学生的创新思维、创业能力和实践能力，使他们能够适应未来社会的发展需求和职业挑战。

跨学科合作实践的第二步是促进跨学科融合。跨学科融合要求教师和学生跨越学科边界，积极探索和实践不同学科之间的交叉点和融合点。这种融合可以通过设计跨学科课程、组建跨学科团队、开展跨学科项目等方式来实现。跨学科融合不仅可以丰富教学内容和方法，还可以拓展学生的学习视野，培养他们的综合能力和创新意识。

教师在课程设计和跨学科融合的过程中扮演着重要角色。教师应该具有跨学科的视野和能力，能够跨越学科界限，将不同学科的知识和技能有机地结合起来，设计和实施创新创业教育课程。教师还应该具有团队合作精神和创新意识，能够与其他学科领域的教师和专家合作，共同探索和实践跨学科融合的教育模式和方法。

学生是跨学科合作实践的主体和受益者。学生应该具有开放的思维和广泛的学科素养，能够主动参与跨学科合作项目，充分发挥自己的创造力和团队精神。通过跨学科合作实践，学生不仅可以获得丰富多样的学习体验和实践机会，还可以培养综合能力和创新潜能，为未来的职业发展和社会责任做好充分准备。

课程设计与跨学科融合是高等职业院校创新创业教育中跨学科合作实践的关键环节。通过合理设计课程，促进跨学科融合，教师和学生可以共同探索和实践跨学科合作的教育模式和方法，丰富教学内容和方法，培养学生的综合能力和创新意识，为他们的职业发展和社会责任做好充分准备。

(二)实践项目与专业交叉

1. 跨专业实践项目的组织

高等职业院校创新创业教育中的跨学科合作实践，关键在于跨专业实践项目的组织。跨专业实践项目是一种促进不同专业学生共同参与、合作解决实际问题的教学活动，其组织需要考虑多方面因素，以提升学生的创新创业能力和跨学科合作意识。跨专业实践项目的组织需要明确项目目标和任务。项目目标应当具体明确，能够激发学生的兴趣和动力，同时与实际需求和社会问题紧密结合。项目任务应当具有一定的挑战性和实践性，能够促使学生发挥各自专业优势，协作解决实际问题，在问题中锻炼创新思维和实践能力。

跨专业实践项目的组织需要合理确定团队构成和角色分工。团队成员应当来自不同专业背景，具有各自的专业知识和技能。在确定团队成员时，应充分考虑学生的专业特长和个人兴趣，形成多样化的团队结构，有利于项目的多角度思考和问题的综合解决。应合理分配团队成员的任务和责任，确保每个成员都能充分发挥自己的作用，共同推动项目的顺利进行。

跨专业实践项目的组织需要建立有效的沟通和协作机制。跨学科合作需要团队成员之间的密切沟通和有效协作，才能够顺利推进项目进程，解决问题并取得成果。应建立定期的团队会议机制和沟通渠道，及时分享信息和交流想法，协商决策和解决困难，保持团队的凝聚力和合作效率。

跨专业实践项目的组织需要提供必要的资源支持和指导。学校和相关机构应提供项目所需的场地、设备和资金等物质支持，为学生的实践活动提供必要的保障。应有专业教师或指导员提供项目的指导和支持，协助学生解决实际问题，指导学生的学习和实践过程，促进学生的全面发展和能力提升。

跨专业实践项目的组织需要进行有效的评估和反馈。通过定期的项目评估和反馈，可以及时发现问题和不足，调整和优化项目的设计和实施方案，提高项目的质量和效果。还可以为学生提供个性化的学习指导和发展建议，帮助学生不断提升创新创业能力和跨学科合作意识。

高等职业院校创新创业教育中的跨学科合作实践关键在于跨专业实践项目的组织。项目组织需明确项目目标和任务、合理确定团队构成和角色分工、建立有效的沟通和协作机制、提供必要的资源支持和指导，以及进行有效的评估和反馈。这些措施有助于促进学生的创新创业能力和跨学科合作意识的全面提升，推动高等职业院校创新创业教育的深入发展和持续优化。

2. 跨学科实践项目的管理

高等职业院校创新创业教育中的跨学科合作实践项目管理是至关重要的。跨学科实践项目的管理涉及多学科间的协调与合作，需要有效地整合资源、规划实施方案、监督进展，以促进学生全面发展与创新创业能力的提升。

跨学科实践项目管理需要明确项目目标与任务。项目的目标应当明确具体，符合学校和学生的需求与期待。通过明确项目任务，确定项目的范围和内容，为实践项目的顺利开展奠定基础。

跨学科实践项目管理需要建立有效的团队组织结构与沟通机制。团队成员来自不同学科，具有不同的专业背景与技能，因此需要建立起有效的沟通渠道与协作机制。明确团队成员的角色与责任，促进团队成员之间的有效协作与信息交流，确保项目各项工作有序推进。

跨学科实践项目管理需要科学合理地进行资源调配与分配。资源包括人力、物力、财力等方面，需要根据项目的实际需求进行合理分配与利用。充分发挥各学科的优势，协调利用学校内外的资源，确保项目的顺利进行与高效完成。

跨学科实践项目管理需要制订详细的实施计划与进度安排。通过制订详细的工作计划与时间节点，明确项目各项工作内容与时间要求，规范项目的实施过程，提高工作效率与质量。

跨学科实践项目管理需要及时进行监督与评估。通过建立有效的监督机制，对项目的进展情况进行及时跟踪与反馈，发现问题及时解决，保障项目的顺利进行。定期进行评估与总结，总结项目的经验与教训,为今后的实践项目提供借鉴与参考。

跨学科实践项目管理在高等职业院校创新创业教育中具有重要意义。通过明确项目目标与任务、建立团队组织结构与沟通机制、科学合理地进行资源调配与分配、制订详细的实施计划与进度安排、及时进行监督与评估等措施,可以有效地促进跨学科实践项目的顺利开展与成功实施,为学生提供更丰富的实践学习体验,培养其跨学科合作能力与创新创业精神。

第五章 高等职业院校创新创业教育的实践项目与创业孵化器

第一节 创新创业实践项目的设计与管理

一、高等职业院校创新创业教育实践项目设计的理论与原则

(一)实践项目设计的理论基础

高等职业院校创新创业教育实践项目设计是一项复杂而重要的任务，其理论基础和原则直接关系到项目的实施效果。在这一设计中，需要综合运用多个学科领域的理论支持，以确保项目能够充分满足学生的需求，并促使其在创新创业方面取得实质性的进展。

项目设计应紧密结合职业院校的特色和教育目标，以确保培养出适应社会需求的创新型人才。这需要基于现代产业发展趋势和科技进步，采用前沿的教育理念，使学生能够深刻理解和把握创新创业的本质。项目设计还应该注重培养学生的实际操作能力，通过实际项目的参与，让学生在真实的场景中运用理论知识，形成对实际问题的解决能力。

实践项目设计应充分考虑学生的个体差异，采用个性化的培养方案。不同学科、专业、学年的学生具有不同的知识储备和学科背景，项目设计应当具有灵活性，能够根据学生的实际情况进行差异化的指导和培养。这样的设计理念有助于激发学生的兴趣，提高他们的参与度，使每个学生在项目中都能够找到自己的价值所在。

项目设计还应注重跨学科融合，将不同领域的知识有机整合。创新创业往往需要综合运用不同学科的理论和技能，项目设计应当鼓励学生在团队合作中跨足多个领域，促使他们形成全面的创新思维。这样的设计原则有助于打破传统学科的界限，培养出更具综合素养的创新型人才。

项目设计要注重与实际产业结合，紧密联系社会需求。职业院校的创新创业项目应当紧密对接当地产业的发展需求，通过与企业、行业的深度合作，为学生提供更加贴近实际的创新实践机会。这不仅有助于提高学生的就业竞争力，还能够促进产学研紧密结合，推动地方经济的创新发展。

高等职业院校创新创业教育实践项目设计的理论基础和原则应当充分考虑学校特色、学生个体差异、跨学科融合和产业需求。只有在这些理论支持下，实践项目设计才能够真正做到有的放矢，培养出更具实际应用能力和创新思维的高素质人才。

(二)实践项目设计的原则与要素

在高等职业院校创新创业教育实践项目设计中，理论与原则的确立是确保项目成功的基石。项目的设计应紧密结合学科特点和实际需求，以确保学生能够在实践中获得深刻的理论认识。项目设计应强调跨学科性，鼓励学生在不同领域之间进行有机的交叉融合，促使创新思维的形成。注重项目的可持续性，使学生在项目中能够培养创新创业的长期视角和实践能力。

项目设计中需要充分考虑学生的个体差异，采用多元化的教育方法和评价体系，促进学生的全面发展。在项目的实施中，强调团队合作与协同学习，培养学生的团队精神和协同创新能力，使其在实践中学会倾听他人意见、合理分工、高效协作。

为了提高项目的实效性，项目设计还应考虑到行业和社会的最新发展趋势，紧密关注市场需求，使学生的创新创业实践更贴近实际应用。项目设计中还应注重资源整合，通过与企业、科研机构等合作，为学生提供更多实际资源支持，增强他们在实践中的创造力和实施能力。

高等职业院校创新创业教育实践项目设计需要紧密贴合学科特点，强调跨学科性和可持续性，关注学生个体差异，注重团队合作与协同学习，紧密结合市场需求和社会发展趋势，以及加强资源整合，为学生提供更全面、实际的创新创业体验，使其在未来的职业生涯中更具竞争力。

(三)实践项目设计中的创新思维

高等职业院校创新创业教育实践项目设计的理论与原则是至关重要的。实践项目设计中的创新思维是推动学生创新创业能力提升的关键因素之一。

实践项目设计需要关注学生的需求和背景。项目设计应当充分考虑学生的学习目标、兴趣爱好和专业背景，确保项目内容与学生的实际需求相契合，激发其学习的热情和积极性。

实践项目设计要注重培养学生的创新思维和实践能力。项目设计应当注重培养学生的创新意识、创新能力和实践操作能力，引导学生从实际问题出发，运用所学知识和技能进行创新实践，培养其解决问题的能力和创新创业精神。

实践项目设计需要注重跨学科融合和综合应用。现实问题往往是复杂多样的，需要多学科的知识和技能共同参与和应用。实践项目设计应当促进不同学科之间的交叉融合，引导学生综合运用各学科的知识和技能，解决复杂的实际问题。

实践项目设计需要强调实践性和问题导向。项目设计应当以解决实际问题为导向，贴近社会需求和行业发展的实际情况，提供具有挑战性和实践性的项目任务，激发学生的学习兴趣和探索欲望。

实践项目设计需要注重团队合作和实践经验的积累。创新创业往往需要团队合作协同工作，项目设计应当促进学生之间的团队合作和沟通交流，培养学生的团队合作精神和领导能力。项目设计还应当鼓励学生积累实践经验，通过参与项目实践，逐步积累实践经验，提升自己的实践能力和创新创业能力。

高等职业院校创新创业教育实践项目设计的理论与原则是多方面的。项目设计需要关注学生的需求和背景，注重培养学生的创新思维和实践能力，促进跨学科融合和综合应用，强调实践性和问题导向，注重团队合作和实践经验的积累。通过科学合理地设计实践项目，可以有效地促进学生创新创业能力的提升，为其未来的职业发展奠定良好的基础。

二、高等职业院校创新创业教育实践项目管理的方法与策略

(一)项目团队的构建与领导

在高等职业院校创新创业教育实践项目中，构建一个强大的项目团队至关重要。项目团队的成员应具备多元化的背景和技能，以确保在创新创业实践中能够充分发挥协同效应。领导者在构建项目团队时应注重团队成员的沟通与协作能力，以促进信息流通和项目目标的共识达成。领导者应以激励和激发团队成员的积极性为重点，营造积极向上的团队氛围。在项目管理方面，应采取灵活的方法和策略，根据项目的具体情况进行调整。项目管理的过程中，注重阶段性目标的设定和实时监控，以保证项目按时按质完成。灵活运用项目管理工具和技术，提高团队的工作效率和信息传递的准确性。

在团队的日常领导中，领导者应该注重激发团队成员的创新潜力，鼓励他们提出新的想法和解决方案。领导者还应注重团队的学习与发展，为团队提供学习机会和培训，以提升团队的整体素质和能力。

在项目管理的策略上，应强调风险管理和问题解决的能力。领导者应具备及时发现和解决问题的敏锐度，采取有效的措施防范和化解潜在的风险。注重团队的反馈机制，及时总结项目经验，为未来的项目提供有益的借鉴和改进。

高等职业院校创新创业教育实践项目的团队构建和领导需要注重成员的多元性和协作能力，领导者要以激励为主导，注重项目管理的灵活性和实效性，同时强调风险管理和问题解决的能力。通过这样的方式，可以更好地推动创新创业教育实践项目的顺利进行，培养学生全面发展的创新创业素养。

(二)项目计划与进度控制

1. 项目计划的制订与调整

高等职业院校创新创业教育实践项目的成功执行关键在于有效的项目计划制订和灵活的调整。项目计划的制订应该以明确的目标为基础，充分考虑项目的规模和复杂性。为了确保项目的顺利进行，需要对资源、时间和人力进行全面的分析和评估。在制订项目计划时，需根据实际情况明确各项任务的优先级和关联性，确保项目各个阶段的有机衔接。项目团队应该紧密协作，明确各自的责任和角色，以便有效地推动项目的进展。合理的资源分配和风险管理策略也是项目计划中不可忽视的重要因素。

项目计划制定后，并不意味着可以一成不变地执行。实际项目执行过程中，可能会面临各种变数，因此需要及时进行调整。在调整项目计划时，需要敏锐地捕捉到项目执行中的问题和变化，及时进行问题分析和解决方案的制订。

在高等职业院校创新创业教育实践项目管理中，采用灵活的调整策略是至关重要的。这不仅包括对项目计划的调整，还包括对团队结构和沟通机制的灵活应对。团队成员应该具备快速学习和适应能力，能够在面对变化时迅速调整工作方式和协作模式。

项目管理团队需要保持高度的沟通效率，及时分享信息和解决问题。有效的沟通有助于团队更好地理解项目的整体目标和每个成员的角色，从而更好地协同工作。通过建立有效的反馈机制，可以及时了解项目执行过程中的问题和困难，为项目调整提供有力的支持。

高等职业院校创新创业教育实践项目管理的成功离不开明确的项目计划制订和灵活的调整策略。在制订项目计划时，要考虑全面，明确目标，进行充分的资源和风险分析。在项目执行过程中，要及时捕捉问题和变化，采取灵活的调整策略，保持团队高效协作和沟通。这样的综合管理方法将有助于项目取得更好的成果。

2. 进度监控与问题解决

高等职业院校创新创业教育实践项目管理是一项动态的复杂任务，其进度监控与问题解决涉及多方面的方法与策略。在这一过程中，项目管理者需要采取有效手段来确保项目按计划进行，对可能出现的问题采取及时有效的应对，以保障项目的顺利实施。

项目管理者首先应设立清晰的目标和阶段性里程碑，通过细化任务、划定时间节点，确保整个项目的进度得以有效监控。可以采用敏捷项目管理方法，通过迭代和反馈机制，及时调整项目计划，使其适应变化多端的外部环境。项目管理者还需建立有效的沟通渠道，确保团队成员间的信息畅通，以便及时获取项目进展情况。

在解决问题方面，项目管理者需要具备快速决策的能力。通过建立风险管理体系，对项目可能面临的各类风险进行提前识别和评估，以制定有效的风险缓解措施。采用问题追踪系统，对项目中出现的问题进行分类和记录，以便及时分析问题根本原因，并制订相应的解决方案。项目管理者还可以借助数据分析工具，对项目数据进行深度挖掘，发现潜在问题并提前加以应对。

为确保项目的推进，项目管理者还应激发团队成员的积极性。通过设立奖励机制，鼓励团队成员在项目中提出创新性建议和解决方案，形成共同协作的氛围。通过培训和技能提升，提高团队成员的专业素养，以更好地应对项目中可能出现的各类挑战。

项目管理者需要保持对外部环境的敏感性，随时调整项目策略。监测行业动态，关注市场变化，及时调整项目的方向和目标，以确保项目与外部环境的协调和契合。建立与利益相关方的紧密合作关系，充分倾听他们的意见和建议，使项目管理更具针对性和灵活性。

高等职业院校创新创业教育实践项目管理的方法与策略应具备前瞻性、快速决策和团队激励的能力，以确保项目的进度监控和问题解决能够紧密贴合项目实际情况，保障项目的圆满完成。

第二节 创业孵化器的建设与运营

一、高等职业院校创业孵化器建设的理论与基础
(一)创业孵化器的概念与演进

创业孵化器是一个为初创企业提供支持和资源的平台,旨在帮助创业者将创意和商业想法转化为可行的商业模式。创业孵化器的概念最早起源于美国,随着全球创业浪潮的兴起,其发展逐渐蔚为风潮。高等职业院校创业孵化器建设的理论与基础主要包括创业生态理论、科技创新理论和大学产学研合作理论。创业孵化器的发展演进与创业生态理论密切相关。创业生态理论强调了创新和创业的生态系统,认为创业不仅仅是企业个体的行为,更是一种生态系统中各种要素相互作用的结果。创业孵化器的出现可以被看作是创业生态系统中的一个关键组成部分,通过提供资源、网络和培训等支持,促进创业者的生存和成功。随着创业孵化器的演进,其在创业生态系统中的地位和作用逐渐凸显,成为推动创业生态系统良性循环的关键力量。

科技创新理论也对创业孵化器的建设起到了重要的指导作用。创业孵化器通常侧重于支持科技型和创新型企业,通过提供实验室设施、技术咨询和专业导师等服务,促进创业者的技术创新和产品研发。科技创新理论认为,科技创新是推动经济增长的重要动力,而创业孵化器作为科技创新的重要基地,为高等职业院校培养具有创新能力的人才提供了有力支持。

大学产学研合作理论是高等职业院校创业孵化器建设的另一重要理论基础。该理论强调作为知识创新和科技研发的中心,大学应当积极参与产业发展,与产业界建立紧密联系。创业孵化器作为大学产学研合作的载体,不仅为创业者提供创业资源,同时也为大学提供了与产业界深度合作的机会,促进科研成果的产业化转化。

高等职业院校创业孵化器建设的理论基础涵盖了创业生态理论、科技创新理论和大学产学研合作理论。这些理论为创业孵化器的发展提供了坚实的理论支持,使其在支持创新创业、促进大学产学研合作方面发挥了积极的作用。通过深入理解这些理论基础,可以更好地指导高等职业院校创业孵化器的实际建设与运营。

(二)创业生态系统与孵化器的关系

在高等职业院校中,创业生态系统和孵化器之间存在着密切的关系。创业生态系统是一个涵盖了各种创业资源和机构的综合体系,而孵化器则是创业生态系统中的一部分,扮演着关键的角色。创业生态系统为孵化器提供了资源和支持,而孵化器则通过提供具体服务和平台,促进创业生态系统的繁荣。在理论和基础层面,创业生态系统的建设应当以多元化为核心。这包括创业教育、技术支持、市场机会等多方面的资源,以形成一个相互促进、协同发展的整体。创业生态系统应当致力于打破学科和行业的界限,构建一个开放的创新平台,为创业者提供广泛的支持。

在创业孵化器的建设方面，其理论基础应当建立在对创业全过程的深刻理解之上。孵化器应当能够识别创业者的需求，并提供相应的培训、导师支持和资源整合。孵化器应注重创业者之间的交流与合作，促进创业团队之间的协同创新。

创业孵化器的成功还取决于其能否与创业生态系统中其他组成部分协同工作。与学校内的创新创业教育、科研机构、产业园区等资源紧密合作，形成一个全方位的支持网络。这样的合作关系有助于将孵化器的服务延伸到更广泛的社会网络中，提升其在整个创业生态系统中的影响力。

创业孵化器的建设还需要注重可持续性发展。这包括建立稳定的财务模式，吸引更多的创业资源和投资。孵化器应该不断调整和优化其服务模式，以适应创业生态系统中不断变化的需求和趋势。

高等职业院校创业孵化器的建设需要建立在深刻理解创业生态系统的基础上，注重多元化和协同发展。创业生态系统为孵化器提供了丰富的资源，而孵化器通过具体服务和平台建设促进了创业生态系统的繁荣。这样的理论与基础有助于高校打造更具健康与活力的创业生态系统，为学生提供更广阔的创业机会和支持。

(三)创业孵化器建设的理论基础

高等职业院校创业孵化器的建设，需要立足于创新与创业的理论基础。创业孵化器的理论基础主要包括两个方面。创业生态系统理论和创新创业教育理论。创业生态系统理论强调创业过程中的多元化影响和相互关系。在高等职业院校创业孵化器建设中，应该构建一个完整的创业生态系统，以促进创业者、导师、投资者和产业资源的互动和共生。这一理论认为，创业生态系统的健康与活力对于培育创新型企业至关重要，而创业孵化器作为生态系统中的重要组成部分，应该注重协同合作和资源整合，以推动创业者的成长和项目的成功。

创新创业教育理论强调在创业孵化器中，应该注重培养学生创新创业的思维和实践能力。这一理论认为，创新创业教育应该超越传统的教学方式，强调实践和体验，使学生能够在真实的创业环境中学到更多的知识和技能。创业孵化器作为创新创业教育的实践平台，应该提供丰富的资源和支持，让学生能够将所学知识、技能运用到实际项目中，并培养创业精神和团队协作能力。

创业孵化器建设还需要借鉴组织管理理论。组织管理理论强调组织内部的结构和文化对于创新和创业的影响。在高等职业院校创业孵化器中，需要设计灵活的管理结构，鼓励创业者和导师之间的平等交流和合作。也要注重建立一种积极的创业文化，激发创新潜能，促使创业者更加敢于冒险和尝试。

创业孵化器建设还需要关注社会学和心理学等领域的理论。社会学理论强调社会关系和网络对于创业者成功的重要性。高等职业院校创业孵化器应该致力于搭建广泛的社会网络，为创业者提供丰富的资源和人脉支持。心理学理论强调创业者的心理健康和抗压能力，创业孵化器应该关注创业者的心理需求，提供心理辅导和支持。

高等职业院校创业孵化器建设的理论基础包括创业生态系统理论、创新创业教育理论、组织管理理论、社会学理论和心理学理论。这些理论相互交织，共同构成了一个全面而深刻的理论体系，为创业孵化器的有效建设提供了坚实的理论支持。

二、高等职业院校创业孵化器运营的实践与策略

(一)孵化器运营模式与策略选择

高等职业院校创业孵化器的运营模式与策略选择关系深远，涉及孵化器的定位、服务内容、资源配置和与外部环境的协同。在实践中，运营者需要根据院校特色、地方产业发展需求等因素，选择适宜的运营模式和策略，以达到更好的孵化效果。

孵化器的运营模式主要包括独立运营模式和联合运营模式。独立运营模式是指孵化器独立成为一个独立法人实体，自主运作，享有独立的管理体制和财务体系。这种模式的优势在于灵活性较强，能够更快地适应市场变化。相反，联合运营模式则是与企业、政府等机构合作，共同承担孵化器的运营和管理。这种模式可以充分利用合作伙伴的资源，提高孵化器的综合竞争力。在选择运营模式时，需要充分考虑院校自身的实际情况和资源配置，权衡独立运营的灵活性和联合运营的资源优势。

在服务内容方面，孵化器的策略选择包括提供基础设施、提供导师辅导、组织培训等。提供基础设施是为创业者提供办公场地、实验室等资源，帮助其降低启动成本。提供导师辅导则是通过专业的导师团队，为创业者提供行业经验和管理经验方面的指导。组织培训则是通过举办各类培训课程，提升创业者的创业技能和管理能力。在制定服务内容策略时，需要根据创业者的需求和市场变化进行不断调整，确保服务内容能够满足创业者的多样化需求。

资源配置方面，孵化器的策略选择涉及人才队伍、资金支持和合作网络。构建专业的人才队伍，包括有经验的导师和运营人员，是保障孵化器服务质量的重要手段。资金支持则需要通过各类投资渠道，如政府资金、企业投资等，为创业者提供启动资金和运营支持。建立合作网络，则是通过与企业、投资机构、研究机构等建立紧密合作关系，共享资源、共同推动孵化器的发展。

与外部环境的协同策略主要包括与地方政府的合作、与产业链上下游企业的合作等。与地方政府的合作可以通过政策支持、场地租赁等方式，促进孵化器的健康发展。与产业链上下游企业的合作则可以通过开展产学研合作、举办创业大赛等方式，搭建更广泛的合作平台，为创业者提供更多的发展机会。

高等职业院校创业孵化器的运营模式与策略选择需要根据实际情况进行科学合理的配置。通过灵活的运营模式、多元化的服务内容、有效的资源配置以及与外部环境的协同，可以更好地推动创业孵化器的健康发展，为创业者提供更全面、有力的支持。

(二)孵化器支持服务体系与资源整合

1.创业培训与辅导服务

高等职业院校创业孵化器的运营需要注重创业培训与辅导服务。在实践层面，创业培训应着眼于创业者的具体需求，提供全面而实用的知识和技能。辅导服务则需要具体到创业团队的实际情况，提供个性化的指导和支持。这样的实践与策略有助于提高孵化器的运营效果，帮助创业者在创业过程中取得更好的成果。

创业培训的实践需要贴近市场需求和行业发展趋势。孵化器可以通过与行业专家、企业合作，组织行业研讨会和培训课程，为创业者提供及时、有效的行业知识。创业培训应注重实际操作和案例

分析，帮助创业者更好地理解和应用所学知识。

辅导服务的实践需要具体到创业团队的个体差异。孵化器可以通过定期的一对一辅导、团队讨论等方式，深入了解创业团队的需求和挑战，提供个性化的指导。辅导服务还可以通过建立导师制度，邀请成功的企业家或专业导师为创业者提供经验分享和指导，帮助他们更好地解决问题和迎接挑战。

在实践中，创业培训与辅导服务应强调实用性和可操作性。培训内容和辅导方法应当紧密结合创业者的实际情况，帮助他们建立创新思维和解决问题的能力。孵化器可以通过创业比赛、项目评审等方式，为创业者提供实际演练的机会，帮助他们更好地将理论知识转化为实际行动。

策略上，孵化器可以通过建立合作网络，吸引更多的专业资源。与企业、产业园区、投资机构等建立紧密的合作关系，共享资源和信息，为创业者提供更广泛的支持。孵化器还可以通过建立校企合作项目、举办创业沙龙等方式，强化创业者之间的交流和合作，形成更为紧密的创业社群。

创业培训与辅导服务是高等职业院校创业孵化器运营中的关键要素。实践中，需要注重贴近市场需求和个体差异，强调实用性和可操作性。在策略上，建立合作网络，吸引专业资源，促进创业者之间的交流与合作，有助于提高孵化器的运营效果，培育更多具有创新创业精神的人才。

2. 创业资源整合与共享

在高等职业院校创业孵化器的运营实践中，创业资源的整合与共享是关键的策略。创业资源的整合意味着将来自不同领域和来源的资源进行有效组合，形成更为综合和可持续的支持体系。而共享则强调资源的公平分配和互助协作，使创业者能够共同受益并提升整个创业生态系统的效能。

对于人才资源的整合与共享，创业孵化器应通过建立多元化的人才网络，引入来自不同专业领域的导师和专业人才。这样的跨界合作有助于提供多角度的指导和支持，为创业者提供更全面的智力资源。鼓励创业者之间的合作与交流，促使人才之间的共享，并通过互相的经验和技能互补，推动项目的协同发展。

创业孵化器需要整合并共享物质资源，包括办公场地、设备和资金。通过与企业、政府和投资机构建立战略伙伴关系，创业孵化器可以获取更多的物质支持。推动孵化器内部的共享办公空间和设备，使创业者能够充分利用共享资源，提高资源利用效率。资金方面，创业孵化器可以引入天使投资、风险投资等渠道，形成共享共担的投融资体系，为项目的快速发展提供资金保障。

在知识资源方面，创业孵化器可以整合高等职业院校的教学和研究资源。与学术界建立紧密的联系，将专业知识与实际创业相结合，为创业者提供更为实用和前沿的知识支持。通过举办研讨会、讲座和培训课程等方式，促进知识的传递和共享，提升整个创业生态系统的智力水平。

创业孵化器在市场资源整合与共享方面也应该发挥关键作用。建立与产业链上下游企业的紧密联系，共同开发市场，实现资源共享与互惠合作。通过与行业协会和商业组织建立战略合作伙伴关系，创业孵化器可以获取更多的市场信息和商业机会，为创业者提供更广阔的市场空间。

社会资源的整合与共享是创业孵化器运营的另一重要方面。通过积极参与社会公益活动，建立社会形象，提升社会声誉，创业孵化器可以吸引更多的社会资源。创业孵化器应该注重与地方政府、社区，以及社会组织的合作，共同推动创业生态的发展，形成多方合力的发展动力。

  高等职业院校创业孵化器的成功运营离不开创业资源的整合与共享。在实践中，通过跨界合作、战略伙伴关系的建立，创业孵化器可以整合多元资源，实现资源共享。这种整合与共享的策略将不仅为创业者提供全方位的支持，也有助于推动整个创业生态系统的健康发展。

第三节 高等职业院校创新创业实践项目的学生体验

一、学生体验的理论与实践

(一)学生体验的概念与演进

1. 学生体验的概念

学生体验是指学生在参与高等职业院校创新创业实践项目的过程中所感知到、经历到的一系列感受、情感和认知。这一概念强调学生在实践中的主观感受,包括但不仅限于对项目内容的理解、团队协作的体验、导师指导的感受以及项目对个人发展的影响等方面。高等职业院校创新创业实践项目的学生体验是一个复杂而丰富的过程,涉及多个层面的互动和交流,是一个整体而动态的认知、情感和行为的综合体现。

学生体验是对项目内容的感知和理解。在实践项目中,学生将面对具体的创新创业任务,这涉及对市场需求的洞察、商业模式的构建等方面的挑战。学生通过实际操作、团队合作等手段,深入参与到项目的具体实施中,从而形成对创新创业领域的深刻理解。

学生体验与团队协作紧密相关。实践项目通常以团队为基本单位进行,学生需要与团队成员密切合作,分享信息、解决问题。在这个过程中,学生将感受到团队协作的重要性,学会倾听他人意见、协商决策,并在共同努力中实现个人和团队的共同目标。

导师指导也是学生体验的重要组成部分。通过与导师的交流与指导,学生能够获得专业领域的知识支持、实践经验的分享,进而提升在创新创业领域的专业素养。导师的角色不仅是知识传授者,更是学生成长过程中的重要引导者和支持者。

学生体验还包括对实践环境的感知。项目所提供的实验室、创客空间等资源,以及与企业、行业紧密合作的机会,将影响学生对实际工作环境的认知和适应能力。这些实践环境的亲身体验将对学生未来的职业生涯产生深远的影响。

学生体验也包括对学习反馈与改进机制的感知。项目中的学习反馈机制通过对学生的学术、实践表现进行评估,为学生提供持续的改进和成长机会。学生通过这种反馈机制,不仅能够了解自己的优势和不足,还能够在项目中不断地进行自我调整和提升。

高等职业院校创新创业实践项目的学生体验是一个多维度、交互式的过程。它既关注学生对专业知识的理解和应用,又注重团队协作、导师指导、实践环境的感知以及学习反馈的体验。这种全面的学生体验有助于培养学生的创新意识、实际操作能力和团队协作精神,为他们未来的职业发展奠定坚实的基础。

2. 学生体验的演进

学生体验在高等职业院校创新创业实践项目中的演进是一个动态的过程。在项目初期,学生体验主要集中在对项目的初步认识和理解上。这一阶段,学生可能对创业领域存在一定的陌生感,通过参与项目初期的培训和讲座，逐渐熟悉创业概念和基本知识，形成对创业实践的初步认知。

随着项目的深入推进，学生体验逐渐由积极接受转变为积极参与。在这个阶段，学生开始积极参与实际创业项目，并从中获取实际操作经验。他们可能会面临各种挑战和困难，但通过团队协作和导师的指导，逐渐克服障碍，提高实际问题解决的能力。这一阶段的学生体验强调了实践的重要性，培养了学生的创业精神和实际操作的能力。

随着时间的推移，学生体验进一步演变为终身学习和创新。在项目结束后，学生不仅仅获得了一次创业实践的经历，更形成了对创业领域长期关注的态度。他们通过总结项目的经验，不断反思和学习，不断提升自己的创新能力和创业思维。这一阶段的学生体验强调了创业实践对学生终身发展的深远影响，使学生在职业生涯中具备更强的创新力和适应力。

通过项目的推进，学生逐渐从对创业的陌生感到实际参与创业项目，最终形成对创业的深刻理解和终身学习的态度。这一演进过程不仅培养了学生的创业能力，也对其个人发展产生了深远的影响。

(二)学生体验理论的框架

1. 学生体验的构建要素

高等职业院校创新创业实践项目的学生体验是一个多层次的构建过程，其中涵盖了多个要素。学生体验理论的框架可从以下几个方面来理解和分析。

项目的设计与目标明确性是构建学生体验的关键要素之一。项目应当具备明确的学习目标和实践任务，确保学生在实践中能够获得实际的技能和经验。项目设计应具有挑战性，能够激发学生的创新潜能，促使他们在实践中不断突破自己的思维和能力。

学生在项目中的角色与互动是构建学生体验的重要组成部分。项目中的团队合作、导师指导以及与外部合作伙伴的互动，能够帮助学生建立更广泛的社交网络和实际工作经验。通过多方面的互动，学生不仅能够在项目中获得实际技能，还能够培养团队合作和沟通能力。

学生参与项目决策的机会和自主性是构建学生体验的重要元素。项目应该为学生提供一定的决策权，使其能够参与项目管理、任务分配和解决问题的过程。这种参与不仅能够增强学生的责任心和领导力，同时也能够激发他们对项目的积极投入。

学生的情感体验在项目中同样至关重要。项目设计应该能够引发学生的兴趣和热情，让他们在实践中感受到成就感和满足感。项目中的挑战和困难也是学生成长的机会，能够培养他们应对逆境和解决问题的能力。

项目的反馈与评估机制对于学生体验的构建具有重要作用。及时的反馈可以帮助学生更好地了解自己的表现，指导他们在实践中不断改进。评估体系应该全面而公正，既考量项目的实际成果，也考虑学生在过程中的努力和成长。

高等职业院校创新创业实践项目的学生体验是一个多维度的构建过程，需要通过项目设计的明确性、角色与互动、决策机会与自主性、情感体验以及反馈与评估机制等多个要素的协同作用来实现。通过这些要素的有效整合，学生体验的构建将更加全面、深入，为学生提供更富有意义和有价值的实践经验。

2. 学生体验的评估与持续优化

学生体验的评估与持续优化是高等职业院校创新创业实践项目管理中的关键环节。评估学生体验的理论框架涵盖多个层面，其中包括体验设计理论、学习理论和服务质量理论。

体验设计理论强调以学生为中心，通过深入理解学生的需求和期望，设计出更富有情感和意义的体验。在创新创业实践项目中，体验设计理论体现在如何精心设计项目的内容、活动和交互过程，使学生在参与过程中获得更为丰富、深刻的体验。通过体验设计，项目可以更好地激发学生的兴趣，提高参与度，使学生在实践中体验到真实的创业过程。

学习理论强调学生通过参与实际项目，通过实践和社交交往来建构知识和发展能力。基于构建主义学习理论，项目评估可以聚焦于学生在实践中的知识建构、问题解决、团队协作等方面的学习过程。评估学生在项目中的学习成果，可以借助考核实践报告、项目演示、团队成果等多样化的方式。通过深入理解学生的学习过程，项目可以更有针对性地进行优化，以提升学生在实践中的学术水平和实际能力。

服务质量理论关注项目提供的服务对学生体验的影响，强调为学生提供高品质的服务。评估学生体验时，可以从服务的及时性、可靠性、个性化等方面进行考察。学生在项目中的反馈、建议和投诉可以作为重要的评估依据，以了解服务质量的优势和不足。通过不断收集学生的反馈信息，项目管理者可以及时发现问题，进行持续优化，以提升整体服务质量。

持续优化策略需要建立在对学生体验的深刻理解之上。通过定期的学生反馈调查，收集学生的感受、建议和期望。建立快速响应机制，及时解决学生反馈中的问题，确保学生的关切得到积极回应。进行经验分享与总结，通过前期项目的实践经验，发现成功的案例和问题的症结，为后续项目的优化提供参考。加强与导师的沟通，使导师深入了解学生的学习与体验，优化导师自身的作用和服务。

高等职业院校创新创业实践项目的学生体验评估与持续优化是一个综合性的系统工程。通过整合体验设计、学习和服务质量理论，建立科学的评估体系和优化机制，可以不断提升项目的质量，使学生在实践中获得更为丰富和有意义的体验。

3. 优化策略与改进措施

高等职业院校创新创业实践项目的学生体验理论框架应注重优化策略与改进措施，以持续提升学生的实际参与感和创新能力。在框架的设计上，首先需要考虑学生体验的全过程，从项目的前期认知到实际参与，再到项目结束后的终身学习。接下来，通过以下优化策略和改进措施，不断深化学生体验的层次和广度。优化项目的初期认知。通过丰富多样的宣传手段，激发学生对创新创业实践项目的兴趣。可以组织创业论坛、展示活动，邀请成功企业家分享经验，以吸引更多学生的关注。建立与相关专业课程的联系，使学生在课程学习中感受到创业的实际应用，提高其对项目的认知和理解。

改进项目的实际参与体验。建立多层次的团队合作机制，使学生能够在团队中充分发挥个人优势，实现协同创新。引入实际企业案例，让学生面对真实的市场问题，提升他们的解决问题的能力。

建立导师制度，为学生提供个性化的指导和反馈，使其在实践中更具自信心。

强化项目的终身学习与创新。设计系统的项目总结与反思环节，鼓励学生深入分析项目中遇到的问题和挑战，并提出改进方案。设立创新基金，支持优秀的创业项目得以继续发展，激励学生在创新领域持续深耕。建立校友创业网络，为学生提供更广泛的资源和导师支持，促使其在职业生涯中不断学习和创新。

持续评估和调整。建立完善的学生反馈机制，从项目的各个阶段获取学生的真实感受和建议。通过定期的评估，发现项目中存在的问题和不足，及时进行调整和改进。可以引入外部专业机构进行独立评估，为项目提供更客观的改进建议，推动学生体验的不断升级。

高等职业院校创新创业实践项目的学生体验理论框架应通过优化策略和改进措施，促进学生对创业的深刻认知、实际参与体验和终身学习与创新的全面发展。通过不断优化与改进，使学生在整个实践过程中获得更丰富、深刻的体验，培养更具创新能力的人才。

(三)创新创业实践项目中的学生体验设计

高等职业院校创新创业实践项目的学生体验设计是项目成功实施的重要保障。在这个过程中，学生的感知、互动和参与度直接影响着项目的深度和广度。体验设计不仅仅关乎舒适度，更关乎学生对创新创业的深刻理解和实际运用。一个富有启发性和引导性的体验设计将成为塑造学生创新思维和实践动力的关键因素。项目的初始阶段要以激发学生的好奇心为目标。通过引导学生了解真实的市场环境和产业状况，让他们在项目的早期就能够感受到创新的可能性和创业的机遇。这种体验应该是一个开放式的过程，鼓励学生自由探索，培养他们的观察和发现能力。通过这一阶段的体验，学生将建立起对创新创业的浓厚兴趣和对未知领域的积极探索态度。

学生在实践过程中需要有深度的参与感。实践不仅仅是简单的完成任务，还是鼓励学生深入思考、独立解决问题的方式。通过实际项目的操作，学生能够更好地理解知识的实际应用和实践的复杂性。这种深度参与感可以通过团队协作、跨学科合作等项目设计方式加以实现，让学生在实际操作中感受到创新的力量和创业的挑战。

项目中的学生体验设计要注重情感共鸣。创新创业的过程中，学生会面临各种挑战和压力，这就需要在体验设计中融入情感元素，让学生在困难时感受到支持和鼓励，在成功时能够分享彼此的喜悦。建立一个积极向上的团队氛围，让学生在共同努力中建立深厚的情感联系，形成团结协作的核心力量。

学生在整个实践项目中应该得到及时的反馈和评价。这不仅是对他们努力的认可，更是对他们发展的指导。通过有效的反馈机制，学生可以不断调整和改进自己的创新创业思维和实践方法，从而更好地适应未来的职业挑战。

高等职业院校创新创业实践项目中的学生体验设计是一个全方位的过程，需要关注启发性、深度参与感、情感共鸣和有效反馈。通过这些设计，学生将更全面地体验到创新创业的魅力，培养起持续学习和适应变革的能力，为未来的职业生涯打下坚实的基础。

二、高等职业院校创新创业实践项目中的学生体验实践

(一)实践项目的学生参与与沟通体验

在高等职业院校创新创业实践项目中，学生的参与和沟通体验是项目成功的关键因素之一。学生参与体验的深度与广度直接关系到他们在项目中所获得的收益和成长。而沟通体验的畅通与否则直接影响学生团队协作和项目执行的效果。

学生参与体验应注重个体差异。通过灵活的项目安排，给予学生更多选择和发挥空间，激发他们的个性化潜能。不同专业背景、兴趣爱好的学生可以在项目中发挥各自的优势，形成协同合作的局面。这样的个体差异参与体验有助于学生更全面地发展自己的技能，提高解决实际问题的能力。

项目中的学生参与体验需要强调实践操作。通过实际的项目操作，学生能够将课堂所学的知识与实际应用相结合，形成更为深刻的理解。项目中的实际操作过程不仅能够增加学生的实际经验，更有助于培养他们的创业思维和团队协作精神。这样的实践操作能够使学生在实际中感受到知识的实用性，增强他们的自信心和执行力。

学生之间的沟通体验至关重要。项目组织者应鼓励学生之间的多方沟通，通过团队讨论、交流分享等形式促进信息的畅通传递。建立高效的沟通机制，利用互联网技术提高沟通的效率。良好的沟通体验有助于减少误解，提高团队协作的效果，使学生在团队中更好地发挥各自的优势。

学生体验的提升还需要充分考虑跨学科合作。项目组织者可以设计跨学科的任务和项目，使不同专业的学生能够共同参与，从而形成更丰富的学术和实践经验。这种跨学科合作的学生体验有助于培养学生的综合素养，提高他们跨界思维和团队合作的能力。

高等职业院校创新创业实践项目中学生的参与体验和沟通体验是实现项目成功的关键要素。个体差异的重视、实践操作的强调、良好的团队沟通以及跨学科合作的引入都能够有效提升学生在项目实践中的体验质量，使他们更好地从中获得知识和经验，全面发展自己的职业素养。

(二)利用技术工具提升学生体验

1. 虚拟实践与在线协作

在高等职业院校创新创业实践项目中，虚拟实践与在线协作是塑造学生体验的重要元素之一。虚拟实践通过模拟真实的工作场景，提供了更灵活的学习环境，而在线协作则强调团队合作与互动，促进学生在虚拟实践中共同探索、学习和创造。

虚拟实践在创新创业实践项目中的应用有助于提供更贴近实际的学习体验。通过模拟真实的商业环境，学生能够在虚拟实践中接触到实际项目的复杂性和挑战性。这种实际情境的模拟有助于培养学生解决问题的能力，促使他们更好地理解和应对真实商业场景中可能面临的各种挑战。

虚拟实践提供了更多样化的学习机会，有助于满足不同学生的需求。在虚拟实践环境中，学生可以根据自己的兴趣和专业方向选择不同类型的项目参与，扩展他们的学科知识和实践技能。这种个性化的学习体验有助于激发学生的学习兴趣，提高他们在实践中的投入度。

虚拟实践还为学生提供了更广泛的合作与互动机会。通过虚拟平台，学生可以与来自不同地区、不同专业的同学进行协作，共同解决问题。这种跨界合作能够帮助学生更好地理解多元化的思维和

观点，促使他们在协同创新中提高团队协作和沟通能力。

在在线协作方面，通过虚拟平台的支持，学生可以随时随地进行协作，打破了地理和时间的限制。在线协作强调团队的集体智慧和共同努力，通过实时沟通、文档共享等方式，促进学生之间的有效协同工作。这种协作方式不仅提高了团队的效率，也培养了学生在虚拟团队中的协作和沟通技能。

虚拟实践与在线协作的结合为学生提供了更丰富的学习资源。通过在线平台，学生可以获取到更多的行业信息、专业资源和导师指导。这种全方位的学习资源有助于学生更全面地理解创新创业领域，拓宽他们的视野，提高实际应用能力。

虚拟实践与在线协作在高等职业院校创新创业实践项目中对学生体验的影响是多层次的。通过虚拟实践，学生可以在模拟的实际环境中获取更深刻的实践体验；而在线协作则促成了学生之间更加灵活和高效的协同工作。这两者的结合使得学生在创新创业实践中能够更全面、更深入地体验到项目的真实挑战和合作乐趣。

2. 移动学习与便捷体验

在高等职业院校创新创业实践项目中，移动学习是一种极具活力的工具，为学生提供了更为便捷的学习体验。通过利用移动学习，学生可以在任何时间、任何地点获取实时信息，并以更加灵活的方式参与创新创业实践项目。这为学生打破了时空限制，创造了更为便捷的学习体验。

移动学习不仅仅是一种技术工具，更是一种促进学生自主学习的方式。通过使用移动学习平台，学生可以根据个体差异和学习需求进行个性化学习。这种灵活性使得学生能够更自主地选择学习路径，提高学习的效果和深度。而在创新创业实践项目中，这种自主学习的体验尤为重要，因为学生需要具备独立思考和解决问题的能力。

移动学习为学生提供了更加便捷的信息获取途径。在创新创业的实践中，时刻更新的市场信息和行业动态对于学生具有至关重要的作用。通过移动学习，学生可以实时获取相关信息，更好地了解市场需求和竞争状况，为项目的制定和实施提供及时有效的支持。这种即时性的信息获取不仅提高了学生的决策效率，也增强了他们的实际操作能力。

移动学习还可以促进学生之间的互动与合作。在创新创业实践项目中，团队协作是取得成功的关键。通过移动学习平台，学生可以随时随地进行团队讨论和合作，共享资源和经验。这种便捷的沟通方式加强了团队协作的密切程度，提高了团队的整体执行力。学生 在互动中不仅学到了知识，更培养了协作能力，为未来的职业发展奠定了基础。

移动学习为学生提供了更为便捷的学习、评估手段。通过移动学习平台的在线测评和反馈系统，学生可以方便地了解自己的学习进度和水平。这种实时的反馈机制有助于学生及时调整学习策略，提高学习效果。在创新创业实践项目中，这种便捷的学习评估帮助学生更好地了解自己的优势和不足，有针对性地改进和优化项目实施过程。

移动学习为高等职业院校创新创业实践项目中的学生提供了更为便捷的学习体验。通过自主学习、即时信息获取、团队合作和便捷评估等方式，学生能够在移动学习中体验到了更加灵活和高效的学习过程，为他们未来的创业打下了坚实的基础。

第六章 高等职业院校创新创业教育的跨界合作

第一节 产业界与高等职业院校的合作模式

一、产业界与高等职业院校创新创业教育的合作理论

(一)合作模式的概念与演变

合作模式的概念涵盖了多个领域，从传统产业界到高等职业院校的创新创业教育，合作的理论不断演变，呈现出多元、开放的发展趋势。产业界与高等职业院校之间的合作理论逐渐深化，形成一种相互依存、互利共赢的合作关系。这种演变不仅反映了社会经济的发展，也推动了教育与产业的紧密结合。

在合作模式的演变过程中，产业界与高等职业院校的合作逐渐从简单的人才输送转变为更深层次战略合作。传统的产业合作主要侧重于提供实习机会和就业保障，但随着社会的不断发展和创新创业的崛起，合作理念逐渐升级。双方开始更为注重知识的共享与创新的培养，形成了一种互相促进、资源互补的紧密关系。

合作模式的演变还体现在产业界与高等职业院校在研究与创新领域的合作上。随着科技的不断进步，双方在科研项目中的合作逐渐深化，共同参与创新性的研究，推动科技成果的转化。这种开放式的合作模式有助于加速产业的技术创新，同时也为高等职业院校提供了更为实际和前沿的研究平台，推动了产学研深度融合的进程。

合作模式的演变也体现在培养创新创业人才的角度。传统的合作主要注重对学生基本专业技能的培养，但随着创新创业需求的不断增加，双方的合作逐渐拓展到创业教育领域。产业界为高等职业院校提供实际项目和案例，帮助学生更好地理解实际工作环境，同时高等职业院校通过创新创业教育培养更具创新意识和团队协作能力的人才，为产业界输送更符合市场需求的人才。

合作模式的概念与演变在产业界与高等职业院校之间呈现出多层次、多维度的发展趋势。这种演变既体现了合作理念的升级，也推动了双方关系的深入发展。在新时代，产业界与高等职业院校的合作模式将更加多元，更加紧密，共同促进社会经济的可持续发展。

1. 合作模式的概念

合作模式在产业界与高等职业院校创新创业教育的合作中是个重要的概念。这一概念涉及多方面的因素，包括合作的形式、合作的目的、参与方的角色等。在产业界与高等职业院校创新创业教育合作中，合作模式的理论体系涵盖多层次、多维度的内容。合作模式应理解为一种双赢的合作关系。产业界与高等职业院校的合作不应是单方面的利益，而是在共同利益基础上建立的合作模式。通过合作，产业界可以获得新思维、新技术以及人才储备，而高等职业院校则可以得到实际应用场景、产业趋势的了解以及学科知识的实际运用。这种互惠互利的合作模式有助于长期合作关系的构建，共同推动双方的发展。

合作模式应注重灵活性。由于产业界和高等职业院校在组织结构、管理机制等方面存在较大差异，因此合作模式应具备一定的灵活性。双方应根据具体合作项目的性质，灵活调整合作模式，以满足实际需求。灵活性的合作模式有助于适应变化多端的市场环境和教育需求，保持合作的高效性。

合作模式应当注重开放性。在产业界与高等职业院校的合作中，应鼓励开放式的合作，吸引更多外部资源的参与。可以通过建立产学研联盟、开展行业交流活动等方式，促使合作模式更加开放，形成更为广泛的产业生态系统。开放性的合作模式有助于集聚更多创新创业资源，提高合作的创新水平。

合作模式还应考虑持续性。产业界与高等职业院校的合作不应是一时的短暂性项目，而应建立长期战略合作模式。通过建立长期的合作框架、签署战略合作协议等方式，确保合作关系的持续性和稳定性，有助于双方建立深层次的合作信任，推动合作关系不断发展。

产业界与高等职业院校创新创业教育的合作理论中的合作模式应当是双赢、灵活、开放和持续的。这一理论体系有助于建立更为健康、有活力的合作关系，推动产业界和高等职业院校在创新创业教育领域共同取得更大的成就。

2. 合作模式的演变

产业界与高等职业院校创新创业教育的合作关系的演变可以从不同层面进行理论探讨。合作模式的演变是由社会发展和产业变革所驱动的。在过去的几十年里，社会经济结构发生了翻天覆地的变化，科技创新不断涌现，这导致了产业界对人才的需求发生了深刻的变化。为了适应这种变革，高等职业院校不得不调整合作模式，以更好地满足产业的需求。合作模式的演变也受到全球化的影响。随着全球经济的深入发展，产业界与高等职业院校的合作愈发趋向全球性。这种全球化合作模式不仅应用于跨国企业，也应用于国际高等教育领域。产业界需要全球范围内的人才，而高等职业院校则需要与国际企业保持联系，以保证培养的学生具备全球化的竞争力。

再者，合作模式的演变还受到科技进步的推动。信息技术的发展为产业界与高等职业院校之间的合作提供了新的平台和手段。通过数字化技术，双方可以更加便捷地分享信息、资源和项目。在线教育、远程实习等形式的创新也催生了新型的合作关系，使得产业界和高校可以更加高效地共同推动创新创业教育。

合作模式的演变还受到创新创业文化的影响。在当今社会，创新和创业已经成为引领时代发展的关键动力。产业界与高等职业院校需要共同营造一个鼓励创新的环境，通过建立更加开放和灵活的合作模式，推动双方的创新能力。合作不再仅仅是一种传统的雇佣关系，而更是一种战略伙伴关系，双方共同参与到创新创业的过程中。

合作模式的演变也与社会责任的概念逐渐深入人心有关。现代社会对企业和高校的社会责任要求越来越高，双方需要在合作中共同关注社会问题，推动社会可持续发展。合作模式的演变不仅仅关注经济利益，更强调在创新创业教育中承担社会责任，为社会提供更多价值。

产业界与高等职业院校创新创业教育的合作理论可以从社会发展、全球化、科技进步、创新文化和社会责任等多个角度进行理论分析。这些因素相互交织、相互作用，共同推动合作模式不断演变，以适应时代发展的需要。通过深刻理解合作关系的演变规律，产业界和高等职业院校可以更好地携手合作，共同推动创新创业教育事业的繁荣。

(二)合作理念与实践框架

产业界与高等职业院校创新创业教育的合作理论是一种共同探索的过程，融合了合作理念与实践框架，形成一种有机而深刻的互动关系。在这一理论中，双方通过积极参与创新创业教育，共同构建合作框架，实现了资源共享、创新创业人才培养的共同目标。这一合作理论不仅关注知识传递，更强调实际操作与产学研深度融合。

合作理念在产业界与高等职业院校创新创业教育中发挥了重要作用。它不仅是双方互相理解的基础，更是合作关系的价值导向。通过共同的价值观，产业界与高等职业院校能够更好地理解彼此需求与期望，形成真正的合作伙伴关系。这一合作理念的核心在于双方以共同的目标为基础，通过合作共赢的方式推动创新创业教育的深入发展。

实践框架是合作理念的具体体现，是理论付诸实践的桥梁。在产业界与高等职业院校的合作中，实践框架是构建双方合作平台的关键。这个框架不仅包括项目合作、实习机会的提供，更涉及共同研究、双向培训等多层次的实际合作。通过实践框架，双方能够更直观地了解对方的需求，实现资源优势的互补，为创新创业人才的培养提供更为有力的支持。

在实践框架中，创新创业项目的开展是产业界与高等职业院校合作的一个亮点。通过共同策划、执行实际项目，学生能够在真实的市场环境中学习和实践，提升他们的实际操作能力和解决问题的能力。产业界的专业知识和市场经验与高等职业院校的理论教育相结合，形成了一种深度的产学研合作，为学生提供了更为全面和实际的创新创业体验。

实践框架还包括创新创业人才培训的共同努力。产业界的专业人才为高等职业院校的学生提供实际操作经验，帮助他们更好地适应职业发展的需求。高等职业院校通过创新创业教育培养更具创新能力和团队协作精神的人才，为产业界输送更为符合市场需求的人才资源。这种互相支持、互相促进的培训机制为双方合作提供了有力的人才支持。

产业界与高等职业院校创新创业教育的合作理论结合了合作理念与实践框架，形成了一种有机而深刻的合作关系。这一理论旨在推动产业界与高等职业院校之间的深度融合，实现资源优势的互补，为创新创业人才的培养提供更为全面和实际的支持。在未来，这一合作理论将继续发展，促进创新创业教育的可持续发展。

(三)国际经验与案例分析

在产业界与高等职业院校创新创业教育的合作理论中，国际经验与案例分析提供了有益的借鉴与启示。通过深入研究国际范围内的成功案例，可以总结出一些具有普适性的合作理论和模式，为国内产业界与高校间的合作提供有益的经验参考。

国际经验表明，建立双向的产学合作机制是提高合作效果的重要手段。在有的国家，产业界与高等职业院校之间的合作关系并不仅仅是单向的技术转移，而是建立在相互信任和协同创新基础上。产业界通过参与课程设计、项目研发等方式，与高校实现深度融合，形成双向的信息传递和技术创新。

国际上成功的案例强调了跨界合作的重要性。在全球化的时代，不同领域之间的创新和发展已经成为常态。产业界与高校之间的合作理论应该注重跨学科和跨领域的合作。通过引入不同学科的专家、开展跨学科项目，提高合作的创新性和综合性。

国际经验表明，建立长期的战略合作伙伴关系是促进合作的有效途径。一些国际成功案例中，产业界与高校之间的合作并非短期项目，而是建立在长期战略合作基础上的。通过签署战略合作协议、建立产学研联盟等方式，确保双方在长期内能够共同实现合作的战略目标。

国际经验还强调了开放式创新和开放式合作的理念。在一些发达国家，产业界和高校之间形成了相对开放的创新生态系统，鼓励各方面资源的共享和互动。通过建立开放的创新平台，产业界和高校能够更好地共享技术、知识和人才资源，推动创新创业教育的深入发展。

通过国际经验与案例分析，我们可以看到一些具有启示性的合作理论。在产业界与高等职业院校创新创业教育的合作中，要借鉴国际经验，建立双向产学合作机制，注重跨界合作，建立长期战略伙伴关系，以及强调开放式创新和合作的理念。这样的合作理论能够为国际合作提供有益的参考，推动创新创业教育取得更好的成果。

二、高等职业院校创新创业教育中的产业合作实践

(一)行业导师与实践项目合作

在高等职业院校创新创业教育中，行业导师与实践项目的合作是一种关键的产业合作实践。这种合作形式旨在通过引入行业专业人士，将实际业务经验与学科知识相结合，为学生提供更丰富、实用的创业教育。这种合作形式不仅使学生能够更好地理解实际行业运作，同时也为产业界提供了机会参与和塑造下一代人才。

行业导师与实践项目合作的本质是将理论知识与实践经验相结合。行业导师作为具有丰富实践经验的专业人士，能够将实际行业中的问题、挑战和创新趋势引入课堂，使学生对理论知识的应用有了更为具体的认识。实践项目则提供了一个实践场景，让学生能够在真实的业务环境中应用他们所学的知识。

这种合作形式有助于搭建产学合作的桥梁。行业导师作为业界专业人士，通过与高校建立合作关系，不仅能够为学生提供实际的行业导向，同时也为高校提供了与行业紧密联系的机会。这种双向的合作有助于促进知识、技能和资源的互补，实现产业界与高校的共赢。

行业导师的介入能够丰富学生的学习经历。通过与行业导师的互动，学生可以深入了解行业内部的运作机制、行业文化和实际工作情境。这样的学习经历能够帮助学生更好地适应未来的职业发展，增强他们在实际工作中的竞争力。

行业导师与实践项目合作也有助于培养学生的创业精神。行业导师通常能够分享他们的创业经验，启发学生的创新思维和创业意识。实践项目则提供了一个锻炼学生创业能力的平台，让他们能够在实际项目中提出创新性解决方案，培养独立思考和解决问题的能力。

行业导师与实践项目合作有助于建立学生与行业的深度联系。通过实际项目的合作，学生能够建立起与行业企业的紧密关系，为将来的就业和创业提供更多机会。这种深度联系有助于打破传统学科壁垒，使学生能够更全面地理解行业的多层次运作。

行业导师与实践项目合作在高等职业院校创新创业教育中扮演着关键角色。通过引入实际业务经验，这种合作形式丰富了学生的学习经历，促进了产学合作，培养了学生的创业精神，建立了学生与行业的深度联系。这样的合作实践为高校培养具有实际实践经验的创新创业人才提供了有力支持。

(二)企业赞助与资源共享

在高等职业院校的创新创业教育中，企业赞助与资源共享是一种密切相关的合作实践。企业通过资金和资源的赞助积极参与高校的创新创业教育项目，形成一种紧密的产业合作实践。这种合作不仅仅在于经济支持，更侧重于双方的资源互补和共享，促进了创新创业教育的深度发展。企业赞助在高等职业院校创新创业教育中起到了关键作用。通过提供经济资助，企业为高校的创新创业项目提供了稳定的经费，使教育项目能够更加顺利地进行。这种赞助体现了对创新创业教育理念的认可，以及企业对学校的支持和信任。形成了产业合作的基础，为双方的深入合作奠定了基础。

资源共享是企业赞助的延伸，是产业合作实践中的关键环节。通过企业的赞助，高等职业院校得以共享企业的行业资源、技术经验和市场信息。企业作为实际运营在市场中的主体，具有丰富的实践经验和行业洞察力。这种资源的共享使得高校能够更贴近市场实际，更好地满足学生创新创业教育的需求。企业也通过与高校的资源共享，获得了学校的专业知识和研究成果，促进了企业内部的创新发展。

在创新创业教育的实践中，产业合作通过企业赞助和资源共享，构建起了一种深度互动的关系。这种互动不仅仅是单纯的合作关系，更是一种资源优势互补的战略合作。企业通过资源共享为高校提供了更为实际的支持。这种深度互动使得创新创业教育从理论走向实践，更有利于学生的全面成长和实际能力的培养。

产业合作实践中的企业赞助与资源共享有助于推动创新创业教育的社会化。企业的参与不仅仅是单纯的校企合作，更是社会资源向学校输送的一种方式。通过企业的赞助和资源共享，创新创业教育得到了社会的广泛认可和支持，形成了一种全社会共同参与的创新创业体系。

企业赞助与资源共享是高等职业院校创新创业教育中产业合作实践的核心元素。这一合作实践使得创新创业教育不仅仅是学校内部的教学活动，更是产业界与学术界的深度互动，为学生提供了更为实际的学习机会。企业的赞助和资源共享不仅助推了创新创业教育的深度发展，也促进了学校与产业的战略合作，为培养创新创业人才提供了更加有力的支持。

1. 企业在创新创业教育中的赞助模式

在高等职业院校的创新创业教育中，企业赞助模式是一种有效的合作形式。企业通过资金和资源的赞助，积极参与高等职业院校的创新创业教育项目，构建起一种紧密的产业合作实践。这一模式不仅为学生提供了更为实际的学习机会，也促进了创新创业教育的深度发展。

企业赞助模式中，企业不仅仅提供资金支持，更注重资源共享。通过与高等职业院校建立战略合作关系，企业可以将自身在市场运作、行业经验等方面的专业知识分享给学校，为学生提供更为实用的学习内容。企业还可以提供实际创业项目，使学生在真实的市场环境中进行实践，从而更好地理解创新创业的本质和挑战。

企业赞助模式的另一特点是注重双向互动。企业不仅仅是提供者，更是参与者。通过与高等职业院校共同策划和执行创新创业项目，企业可以更全面地了解学生的实际能力和潜力。这种双向互动使得合作更为深入，企业在赞助过程中也能够从学校的创新氛围中获得灵感和创意，促进企业自身的创新发展。

在企业赞助模式中，企业可以借助高等职业院校的平台，进行人才培养和选拔。通过资助创新创业项目，企业能够及时发现并吸纳优秀的创新人才，为自身的发展提供有力支持。这种人才培养和选拔机制的建立，使得企业与高等职业院校的合作更具战略性，实现了双方资源的优势互补。

企业赞助模式还促进了创新创业教育的社会化。企业作为社会的一部分，通过参与高等职业院校的创新创业教育，提高了社会对创新创业的认知和支持。企业的赞助不仅仅是一种单纯的合作关系，更是对创新创业教育价值的一种社会认可和支持，形成了一种社会合力。

企业赞助模式是高等职业院校创新创业教育中一种有效的合作实践。通过企业的资金和资源赞助，学生能够获得更为实际的学习机会，高等职业院校能够借助企业的经验和项目，促进创新创业教育的深度发展。这一合作模式不仅实现了资源的共享，更推动了创新创业教育与产业之间的深度融合，为培养创新创业人才奠定了坚实的基础。

2. 长期合作关系的构建与维护

在高等职业院校创新创业教育中，构建与维护产业合作的长期合作关系是促进双方共同发展的关键要素。长期合作关系不仅有助于高校更好地满足产业需求，还能够提高学生实际应用能力，促进双方在创新创业领域的深度合作。

建立长期合作关系需要注重对产业方需求的深入了解。高校应该通过与产业方的沟通和了解，深刻把握产业的发展方向、技术需求以及人才培养的实际要求。只有充分了解产业方的真实需求，高校才能够有针对性地调整课程设置、开展实践项目，更好地满足产业方的期望。

建立长期合作关系需要强调实际项目的合作。通过与产业方共同开展实际创新创业项目，高校能够更好地了解产业的运作机制，培养学生的实际操作能力。实际项目的合作有助于双方建立可靠的合作关系，提高合作的质量和效果，为长期合作奠定坚实的基础。

建立长期合作关系需要注重人才培养的全面性。高校在与产业方合作中，不仅仅应关注学生专业技能的培养，还应强调学生的创新思维、团队协作和解决实际问题的能力。通过培养全面发展的人才，高校能够更好地满足产业方对高素质人才的需求，加深双方的合作关系。

建立长期合作关系需要灵活的合作模式。由于产业的发展具有一定的不确定性，高校与产业方的合作关系应具备一定的灵活性。合作双方应当在合作框架中保持一定的弹性，以适应市场环境的变化，确保合作的持续性和稳定性。

建立长期合作关系需要双方共同维护。高校与产业方的合作是一个动态的过程，需要双方共同付出努力来维护。定期地沟通、回顾以及共同规划未来的合作方向，有助于双方更好地协同发展，共同推动创新创业教育的深入实践。

在高等职业院校创新创业教育中，构建与维护产业合作的长期合作关系需要高校深入了解产业方的需求，强调实际项目的合作，注重全面人才培养，灵活调整合作模式，以及双方共同维护合作关系。这样的长期合作关系有助于双方实现互利共赢，促进创新创业教育的良性发展。

第二节 跨领域合作与创新创业教育

一、跨领域合作的理论基础与概念

(一)跨领域合作的概念与定义

跨领域合作是指不同领域、学科或行业的合作与交流。它超越传统学科界限，通过整合不同领域的知识、技能和资源，旨在创造创新性的解决方案。在高等职业院校中，跨领域合作与创新创业教育的结合体现了一种新的教育理念和实践，力求培养更全面、更有创新力的学生。

跨领域合作的概念涉及多个层面。它强调不同学科和领域之间的融合与协同。这种合作不仅仅是知识堆砌，更注重在多学科交叉中创造新的理念和方法。跨领域合作强调创新性的解决方案。通过各个领域的专业知识相互结合，产生的合作成果更具前瞻性和创新性，有助于解决复杂的现实问题。跨领域合作是一种学科融合的态度，通过促进不同学科之间的交流，培养学生的综合能力，使其具备更广泛的视野和创新的思维方式。

高等职业院校中的跨领域合作与创新创业教育相辅相成。它促进了专业领域之间的有机融合。传统的学科划分往往使得学生只关注自身专业，而缺乏对其他学科的了解。通过跨领域合作，学生能够涉足多个学科领域，形成更为综合的知识结构，增强专业之间的协同能力。这有助于培养既有专业深度又具备广泛知识视野的创新型人才。

高等职业院校的跨领域合作与创新创业教育有助于培养学生的综合能力。在实际项目中，学生需要运用不同学科的知识和技能，解决复杂的实际问题。这种全方位的学习经历不仅提高了学生的综合能力，也培养了他们的创新思维和团队协作精神。跨领域合作使得学生在实践中更全面地理解和应用所学知识，为未来的职业发展提供了更为坚实的基础。

高等职业院校中的跨领域合作与创新创业教育有助于学生更好地适应未来社会的复杂性。在当今社会，很多问题不再局限于单一领域，而是需要融合多学科知识才能加以解决。通过培养学生参与跨领域合作的经验，高等职业院校可以帮助学生更好地适应未来社会和职业发展的需要，提高他们的综合素养和适应性。

跨领域合作与创新创业教育在高等职业院校中形成了一种有机的关系。它不仅促进了不同领域之间的知识融合，更培养了学生的创新思维和综合能力。通过这种合作，高等职业院校为学生提供了更丰富、更实际的学习体验，为他们未来的职业生涯奠定了更为坚实的基础。

(二)跨领域合作的系统理论

在高等职业院校中，跨领域合作被认为是促进创新创业教育的一项重要举措。跨领域合作的系统理论强调了各学科、专业之间的紧密联系和互动，以构建一个有机的合作系统，从而推动创新创业教育的深入发展。

系统理论认为，高等职业院校中的跨领域合作应当超越单一学科、专业的界限，形成一个相互关联、相互支持的合作体系。这种体系不仅包括各类学科和专业，还涵盖了企业、政府、社会等多方面的参与者。通过构建这种复杂而有机的合作体系，高校能够更好地应对复杂多变的创新创业挑战。

在系统理论的指导下，高等职业院校的跨领域合作可以从以下几个方面进行论述。

跨领域合作要注重资源整合。系统理论认为，合作系统的整体效能受益于各个组成部分之间资源的充分整合。在高等职业院校中，跨领域合作应该以整合各学科、专业的优势为基础，形成具有创新能力的综合性团队。要通过与企业和其他社会机构的合作，实现外部资源的整合，以支持创新创业教育的需求。

跨领域合作要强调知识共享。系统理论认为，合作系统中的各个部分之间应该实现知识的共享和交流。在高等职业院校中，跨领域合作可以通过促进不同学科领域的知识共享，实现知识的跨界流动。这有助于培养学生的综合素养，提高他们解决实际问题的能力。

跨领域合作需要注重团队协作和沟通。系统理论认为，一个有机的合作系统需要各成员之间紧密地协作和沟通。在高等职业院校中，跨领域合作可以通过构建多学科的团队，鼓励学生在实际项目中进行跨学科的合作，增强团队协作和沟通的能力。

跨领域合作要关注创新文化的培养。系统理论认为，一个良好的合作系统需要有促进创新的文化氛围。在高等职业院校中，跨领域合作应该倡导创新思维，培养学生对多元化问题的开放态度，鼓励他们勇于尝试和创新。这有助于为未来的创新创业培养更具有创新力的人才。

高等职业院校中的跨领域合作与创新创业教育需要遵循系统理论的指导，构建一个资源整合、知识共享、团队协作、创新文化的有机合作系统。通过这样的合作方式，高校能够更好地满足创新创业教育的需求，培养更全面、具有创新能力的人才。

(三)国际创新创业教育中的跨领域合作模式

国际创新创业教育中的跨领域合作模式是高等职业院校跨领域合作与创新创业教育的重要组成部分。这种合作模式突破了传统学科界限，促进了不同领域的知识、技能和资源的交流与整合。

跨领域合作模式在国际创新创业教育中注重多元化的知识体系。不同领域的专业知识相互交叉，使学生能够获得更为全面的知识体系。例如，工程学、商业管理和信息技术等领域的专业知识可以在同一个项目中得到应用，促使学生具备更丰富的跨学科思维。

跨领域合作模式倡导团队的多元化。国际创新创业教育中的团队通常由来自不同国家、不同专业背景的成员组成。这种团队多元化有助于提高团队的创造力和创新能力，因为来自不同领域的专业人士能够为问题的解决提供更多元的视角。

跨领域合作模式强调实际项目的合作实践。学生在国际创新创业项目中，不仅仅是进行理论性的学习，更是通过实际项目的合作来应用所学的知识和技能。这种实际项目的合作实践使学生更容易将理论知识转化为实际能力，提高了他们在创新创业领域的应用水平。

跨领域合作模式注重国际合作网络的构建。不同国家的高等职业院校、研究机构、企业等形成紧密的合作网络，共同推动创新创业项目的发展。这种全球性的合作网络为学生提供了更广泛的资源和机会，促进了国际化人才的培养。

跨领域合作模式强调学生在实践中的全面发展。除了专业知识和技能外，学生还需要培养团队协作、跨文化沟通和创新思维等方面的能力。跨领域合作模式通过多维度的实践要求，使学生能够在项目中全面发展，为未来的职业发展奠定更为坚实的基础。

跨领域合作模式是高等职业院校跨领域合作与创新创业教育的一种先进形式。这种模式通过打破学科壁垒、倡导多元团队、强调实际合作实践和构建国际化合作网络，为学生提供了更为丰富、深入的创新创业教育体验。这种全球化、跨学科的合作模式是适应当今社会变革和产业发展需求的有益尝试。

二、高等职业院校创新创业教育中的跨领域合作实践

(一)跨领域合作中的师资团队建设

高等职业院校在创新创业教育中，跨领域合作不仅仅需要结构性的体系，更需要具备丰富经验和广泛视野的师资团队来支持。师资团队建设是跨领域合作实践的核心，它涉及师资队伍的结构、能力培养、交流与合作等方面的综合发展。只有具备卓越的师资团队，高等职业院校才能在跨领域合作中取得更加显著的成果。师资团队的建设需要具备跨学科的专业背景和知识结构。在跨领域合作的实践中，师资团队的成员应具备多学科的知识背景，能够在不同领域之间进行有机融合。这样的师资团队能够更好地引导学生进行跨学科思维和实际项目实践，为他们提供更为丰富的学科体验。

师资团队的建设需要强调实践经验和行业洞察。在跨领域合作中，理论知识往往需要结合实际问题解决方案。师资团队成员应该具备丰富的实践经验和对行业的深入了解。这样的团队能够更好地指导学生应对实际挑战，培养学生解决实际问题的能力。

师资团队的建设还需要注重跨领域沟通与协作的能力。不同领域的专家需要能够有效沟通，形成合作共识，推动项目的顺利实施。师资团队的建设应该强调团队成员的协作能力和良好的沟通技巧。只有形成团队之间的紧密合作关系，才能更好地促进学科的融合。

师资团队的建设还需要关注教学方法的创新。在跨领域合作实践中，传统的单一学科教学方法可能不再适用。师资团队应该具备灵活的教学策略，能够根据学科融合的需求设计更为多元化的教学方案。通过创新的教学方法，师资团队可以更好地激发学生的创造力和学科综合能力。

师资团队的建设需要关注团队的持续发展。跨领域合作实践是一个不断发展的过程，师资团队成员应具备不断学习的精神。通过不断的学科更新、对行业动态的了解，师资团队能够保持对新兴领域和问题的敏感性，更好地引导学生面对未来的挑战。

师资团队的建设对于高等职业院校创新创业教育中的跨领域合作实践至关重要。只有具备跨学科知识、丰富实践经验、协作能力和创新意识的团队，才能有效引导学生进行多领域的学科实践，为他们的综合发展提供全方位的支持。师资团队的建设是跨领域合作实践成功的关键因素，也是高等职业院校在培养创新创业人才方面的重要保障。

(二)学生体验与综合素养培养

高等职业院校创新创业教育的跨领域合作实践对学生体验和综合素养培养有着深远的影响。这种实践不仅涉及学科之间的融合，还包括对学生的全面培养，旨在激发创新思维和提升综合素养。跨

领域合作实践有助于丰富学生的学科体验。通过将不同学科领域的知识相互融合，学生能够拓展视野，深入了解多个学科的核心理念和方法。这种跨领域的学科体验有助于培养学生的综合思维和问题解决能力，使其能够更好地应对复杂的现实挑战。

跨领域合作实践可以促使学生更好地理解实际问题，并提高其实际应用能力。在项目实践中，学生需要面对真实的问题，而这些问题通常涉及多个学科领域。通过跨领域合作，学生能够学会综合运用所学知识解决实际问题，培养创新思维和实际操作的能力。

跨领域合作实践有助于培养学生的团队合作精神。在项目中，学生需要与来自不同学科背景的同学合作，共同完成任务。这种跨学科的团队合作不仅能促进学生之间的交流与协作，还能够提高团队整体的创新水平。学生在合作中学会倾听、沟通、协商，培养了解决实际问题的能力。

跨领域合作实践对学生的创新意识和创业能力培养起到积极作用。在跨领域的合作中，学生更容易碰到未知领域的问题，这促使他们更加勇于创新。通过实践项目，学生能够接触到创业的实际操作，了解创业过程中的挑战和机遇，从而培养创业的敏感性和实际经验。

跨领域合作实践有助于培养学生的综合素养。综合素养是一个综合评价个体能力的概念，包括学科知识、创新能力、团队协作精神等方面。跨领域合作实践使学生在多元环境中得到全面锻炼，培养了他们的综合素养，提升了其在职场和社会中的竞争力。

高等职业院校创新创业教育的跨领域合作实践不仅能够丰富学生的学科体验，提高实际应用能力，培养团队合作精神，还有助于创新创业意识的培养和综合素养的提升。通过这样的实践，学生能够更好地适应未来复杂多变的社会环境，为自身职业生涯的发展奠定坚实的基础。

1. 学生参与跨领域合作的体验

高等职业院校创新创业教育中的跨领域合作实践让学生深刻体验到了知识的融合和团队协作的重要性。学生在这一实践中不仅能够应用专业知识，还能够跨足多个领域，感受到来自不同学科的碰撞和协同。这样的体验不仅拓宽了学生的视野，也培养了他们在团队中协作的能力。

学生参与跨领域合作的体验让他们更加深入地理解了跨学科的价值。在项目中，来自不同专业的学生需要共同合作解决实际问题。这种深度的合作使学生能够在实践中体验到知识的交叉点，认识到不同专业领域之间的关联性。通过与其他专业的同学一起工作，学生能够更全面地理解问题，并找到更具创新性的解决方案。

跨领域合作实践培养了学生的团队协作精神。由于来自不同专业的学生需要共同合作完成项目，因此团队协作成为实现共同目标的关键。学生在这一过程中学会了倾听和尊重他人的意见，学会了灵活适应不同团队成员的工作风格。这样的协作体验不仅促进了项目的成功完成，也培养了学生在未来工作中需要的团队协作技能。

学生在跨领域合作实践中体验到了创新思维的重要性。不同专业的学生带来了不同的思维方式和解决问题的途径。在合作的过程中，学生们学会了跳出传统的思维框架，尝试新的方法和理念，从而激发了创新的火花。这种体验不仅丰富了学生的思维层次，也为他们将来的创业和创新活动奠定了坚实的基础。

学生在跨领域合作实践中体验到了解决实际问题的挑战。由于项目通常是基于真实问题或挑战展开的，学生需要面对不同层面的困难和难题。这样的体验让学生更好地理解了创新创业过程中的复杂性和不确定性，锻炼了他们解决实际问题的能力。

学生在跨领域合作实践中体验到了自我成长的机会。通过与来自不同专业、不同文化背景的同学合作，学生能够更好地认识自己的优势和不足。这种自我认知让学生更好地规划未来的发展方向，也使他们应对未来职业挑战的能力更强。

高等职业院校创新创业教育中的跨领域合作实践为学生提供了丰富而深刻的体验。通过这一实践，学生不仅在专业领域得到了拓展，还培养了团队协作、创新思维和解决实际问题的能力，为他们未来的职业发展打下了坚实的基础。

2. 跨领域合作与学生职业规划

高等职业院校创新创业教育中的跨领域合作实践对学生的职业规划产生着深远的影响。这种合作模式不仅仅是知识领域的整合，更为学生提供了多元发展的机会，有助于拓宽他们的职业视野、提高综合素养、促使更具创新力和跨领域应用能力的职业规划。跨领域合作实践激发了学生的创新思维。不同领域的知识交叉汇聚，激发了学生对新颖想法和独创解决方案的探索欲望。这种创新思维的培养不仅有助于学生更好地面对未来复杂的职业挑战，也为他们在职场中发挥创造性的作用奠定了基础。

跨领域合作实践拓展了学生的综合素养。学生在不同领域的实践中，不仅仅学到专业知识，更培养了批判性思维、团队协作、沟通能力等综合素养。这些综合素养在职业生涯中同样至关重要，使学生能够更好地适应多元化的职业环境，具备更强的适应性和竞争力。

跨领域合作实践为学生提供了更广泛的职业视野。通过参与不同领域的合作项目，学生能够更全面地了解不同行业的工作方式、市场需求和发展趋势。这种全面的职业视野有助于学生更明智地进行职业规划，选择符合个人兴趣和能力的职业方向。

跨领域合作实践强化了学生的团队协作能力。在实际项目中，学生需要与来自不同专业的同学协同工作，共同解决问题。这种团队协作的经历不仅培养了学生的团队协作技能，更提升了他们的人际沟通与合作精神，这对于未来职业生涯中的团队合作至关重要。

跨领域合作实践为学生提供了更为实际的职业经验。通过参与跨领域合作项目，学生能够在真实的职业环境中应用所学知识，获得实际操作经验。这种实践经验使学生更具竞争力，更容易在职业市场中脱颖而出。

跨领域合作实践在高等职业院校创新创业教育中对学生的职业规划产生了积极的影响。通过激发创新思维、拓展综合素养、提供广泛职业视野、强化团队协作能力以及提供实际职业经验，这种合作模式为学生提供了更全面、更有针对性的职业发展机会，有助于培养更具创新意识和跨领域应用能力的职业人才。

第三节　社会企业与高等职业院校创新创业教育

一、社会企业与高等职业院校创新创业教育的理论基础

(一)社会企业在创新创业教育中的角色

社会企业在创新创业教育中扮演着重要的角色。它们不仅仅是商业实体，更是创新创业教育的实践平台和社会责任担当。社会企业与高等职业院校的创新创业教育形成一种紧密的合作关系，共同促进社会责任观念的培养、学生创业能力的提升，以及社会创新的推动。

社会企业作为创新创业教育的实践平台，为学生提供了真实的商业环境。学生通过参与社会企业的项目，能够直接面对市场的挑战，感受到实际创业过程中的种种困难和机遇。这种实践经验使学生更加贴近实际商业运作，培养了他们的创新意识和实际操作能力。

社会企业在高等职业院校创新创业教育中起到了社会责任的示范作用。社会企业通常注重可持续发展和社会影响，强调在商业运作中承担社会责任。这种社会责任观念在与高校合作中，影响着学生的价值观念，使他们更加关注社会问题、追求社会价值，并在创新创业过程中考虑社会的可持续发展。

社会企业与高等职业院校的合作也有助于培养学生的团队协作精神。在社会企业的项目中，学生通常需要与团队成员、企业合作伙伴等多方合作。这种多元合作的经验不仅提高了学生的团队协作能力，更促使他们更好地理解团队合作在创新创业中的重要性。

社会企业在创新创业教育中为学生提供了实践机会，激发了他们的创业精神。学生在社会企业的项目中能够参与到实际的业务决策中，感受创业的喜悦与压力。这种实践机会不仅为学生提供了锻炼创业技能的平台，也增强了他们对创业生活的理解与认同。

社会企业的创新经验也为高等职业院校提供了宝贵的教学资源。通过与社会企业的合作，高校能够及时获取到社会创新的最新动态，将实际的案例引入教学中，使学生更好地理解创新创业的现实挑战与机会。这样的合作关系促使高校教育更贴近市场需求，培养更符合社会创新需求的人才。

社会企业在高等职业院校创新创业教育中发挥了多重作用。它们为学生提供了实践平台，促使学生更深入地了解创新创业过程。社会企业注重社会责任，引导学生关注社会问题，培养具有社会责任感的创业者。社会企业的合作也丰富了高校的教育资源，为学生提供更为实际、全面的创新创业教育。社会企业与高等职业院校的紧密合作不仅有助于学生的创新创业能力提升，也推动了社会创新和可持续发展。

(二)社会企业与社会创新理论

社会企业是一种以解决社会问题为导向的商业模式，其目标不仅在于盈利，更强调通过商业手段推动社会变革。在高等职业院校的创新创业教育中，引入社会企业与社会创新理论，可以为学生提供更加全面的创业视角，培养其创新思维和社会责任感。

社会企业理论强调解决社会问题的使命。在高等职业院校的创新创业教育中，引入社会企业理论可以使学生更加关注社会问题，并通过创业的方式寻找解决问题的途径。社会企业强调的使命导向有助于培养学生的社会责任感和社会意识，使其在创业中更加注重社会价值的创造。

社会企业理论注重创新和可持续经营。社会企业的商业模式要求创新性地解决社会问题，并在解决问题的过程中实现经济可持续发展。在高等职业院校的创新创业教育中，引入社会企业理论可以激发学生的创新思维，使其更加注重在商业模式中融入社会创新元素，提高企业的长期可持续性。

社会企业理论强调社会企业家的角色。社会企业家不仅仅是追求经济效益的企业家，更是关注社会问题的变革者。在高等职业院校的创新创业教育中，引入社会企业理论有助于将学生培养成具有社会责任感和创新精神的企业家。社会企业理论倡导的社会企业家精神有助于使学生在创业中更注重社会价值的创造。

社会企业理论鼓励合作与社会共创。社会企业的特点之一是通过与不同利益相关者的合作，共同解决社会问题。在高等职业院校的创新创业教育中，引入社会企业理论可以培养学生的团队合作能力，使其能够在创业过程中主动与社会各界合作，实现共创价值。

社会企业与社会创新理论在高等职业院校创新创业教育中的引入，有助于培养学生的社会责任感、创新思维、可持续经营意识和团队合作能力。通过这样的教育方式，学生不仅能够在创业过程中追求经济效益，更能够通过商业手段解决社会问题，实现经济与社会的双赢。

（三）社会企业与可持续发展教育

社会企业与高等职业院校创新创业教育的结合是一种有益的实践。社会企业强调在商业活动中追求社会责任和可持续发展，而高等职业院校创新创业教育致力于培养学生的创新创业精神和实践能力。将这两者结合起来，不仅可以推动社会企业的可持续发展，还可以为学生提供更丰富的实践机会，培养他们的社会责任感和实际经营技能。社会企业与高等职业院校创新创业教育的结合促进了学生对可持续发展理念的深入理解。通过与社会企业亲密合作，学生能够亲身体验企业在商业运作中追求社会和环境可持续性的努力。这种实际体验有助于激发学生对可持续发展的兴趣，让他们深刻理解并认同可持续发展不仅是一种企业责任，更是实现长期经济成功的必要条件的论断。

社会企业与高等职业院校创新创业教育的结合提供了学生实践创业的平台。学生在社会企业中参与创业项目，不仅能够将课堂所学应用到实际中，还能够面对真实商业环境中的挑战。这样的实践机会有助于培养学生的创新能力、团队协作能力以及解决实际问题的能力。

社会企业与高等职业院校创新创业教育的结合促进了学术和实践的有机结合。社会企业通常面临各种实际挑战，而高等职业院校可以为这些问题提供学术支持和专业知识。学校的研究资源、师资力量可以帮助社会企业更好地理解问题，并提供可行的解决方案。这种学术和实践的有机结合使得社会企业的可持续发展更具前瞻性和战略性。

社会企业与高等职业院校创新创业教育的结合有助于培养学生的社会责任感。通过参与社会企业项目，学生能够更深刻地体会到商业活动对社会的影响。这种社会责任感的培养有助于形成积极的社会价值观，使学生将来在职业生涯中更关注社会影响力，并能够在实际经营中考虑社会和环境的影响。

社会企业与高等职业院校创新创业教育的结合是一种有益的实践，可以实现学生、学校和社会企业的共赢。这种合作形式不仅促进了学生对可持续发展理念的理解，也提供了实际创业的机会，同时促进了学术和实践的有机结合，培养了学生的社会责任感。通过这样的结合，学生能够在实践中更全面地发展自己的能力，为未来的职业发展打下坚实的基础。

二、高等职业院校创新创业教育中的社会企业合作实践

(一)社会企业合作项目设计与实施

高等职业院校创新创业教育的社会企业合作项目设计与实施是一项综合性任务，需要充分考虑教育目标、社会企业的需求以及学生的学科背景。在项目设计阶段，应注重合作的双向性，强调实际问题解决，同时在实施过程中注重团队协作和实际操作。

社会企业合作项目的设计应当贴近实际市场需求和学科发展趋势。通过深入了解社会企业所在领域的发展状况，设计项目内容能够使学生在实践中解决实际问题。项目设计应紧密结合学生的专业背景，使其能够运用所学知识解决真实的社会企业挑战，从而提升他们的实际操作能力。

社会企业合作项目设计中需要注重项目的可持续性。通过确保项目内容与社会企业的长远发展方向相契合，使项目能帮助社会企业解决实际问题，增加其可持续性。这有助于学生更好地理解企业的运营模式和长期发展战略，培养他们具备未来社会企业创业潜力的能力。

在实施阶段，注重团队协作是社会企业合作项目的关键。通过分配不同专业背景的学生组成跨学科的团队，促使他们从不同的视角出发，共同探讨问题，形成全面的解决方案。团队协作能够提高学生的综合素养，使他们在项目实践中充分发挥各自的专业优势，实现协同创新。

社会企业合作项目实施过程中需加强与社会企业的沟通和反馈机制。及时了解社会企业在项目中的需求和期望，根据实际情况进行调整和优化项目方案。通过与社会企业建立持续的合作关系，促使学生更深入地参与到实际项目中，增加项目实施的实际性和针对性。

社会企业合作项目的实施还应注重培养学生的创新精神。通过项目的设计和实施，学生能够在实际操作中不断探索新的解决方案，培养创新思维和解决问题的能力。这种创新精神的培养有助于学生更好地适应未来职业环境，具备更强的创业能力。

社会企业合作项目实施的成功关键在于持续地反馈和改进。通过项目实施的过程中，学校应与社会企业保持密切联系，及时获取项目的反馈信息，了解学生在实践中的表现以及社会企业对项目效果的评价。这有助于不断优化项目设计和实施流程，提升社会企业合作项目的质量和效果。

社会企业合作项目的设计与实施是高等职业院校创新创业教育中的关键环节。通过合理的项目设计、注重团队协作、强化与社会企业的沟通和反馈机制，以及持续的改进过程，社会企业合作项目可以为学生提供更为实际的创新创业体验，使他们更好地适应未来职业发展的需求。

(二)学生参与社会企业项目的体验与收获

高等职业院校创新创业教育中的社会企业合作实践对学生的参与体验和收获具有深远的影响。通过参与社会企业项目，学生不仅能够在实际中应用所学知识，还能够培养团队协作能力、创新思

维和社会责任感，实现知行合一。

学生通过社会企业项目的参与体验，能够感受到实际问题的复杂性和挑战性。社会企业项目通常涉及多个层面，包括社会问题的深层次原因、各利益相关者的需求和期望等。学生参与其中，不仅需要理论知识的支持，更需要深刻理解实际问题和解决问题的能力。这种参与体验使学生更加直观地认识到社会企业创业的复杂性，激发了他们思考和实践的动力。

参与体验社会企业项目有助于培养学生的团队协作和沟通能力。社会企业项目通常需要不同专业的学生共同合作，共同解决问题。在项目中，学生需要相互协作、互相支持，形成一个协同工作的团队。这样的合作体验有助于培养学生在团队中的沟通和协作技能，提高团队整体的创新水平。

参与体验社会企业项目有助于培养学生的创新思维。社会企业的特点之一是追求解决社会问题的创新解决方案。学生在项目中需要不断思考、探索新的方法和思路，挑战传统观念，培养创新思维。这种创新的思考方式不仅在解决社会问题时具有实际应用价值，也有助于学生在未来职业发展中更好地应对不断变化的挑战。

参与体验社会企业项目有助于培养学生的社会责任感。通过解决实际社会问题，学生能够更加深刻地认识到自己的行为对社会的影响。这种亲身体验使他们更加关注社会问题，更加积极主动地投身社会服务，培养了社会责任感和公民意识。

高等职业院校创新创业教育中的社会企业合作实践为学生提供了丰富的参与体验和深刻的收获。通过参与社会企业项目，学生能够感受到实际问题的复杂性，培养团队协作和沟通能力，发展创新思维，并树立社会责任感。这样的实践经验为学生的职业发展和社会参与打下了坚实的基础。

1. 学生参与社会企业项目的动机与期望

学生参与社会企业项目的动机和期望是多方面因素的综合体现，既涉及个体层面的兴趣和发展需求，也受到社会企业的吸引力和课程安排的影响。这种参与体验对学生来说既是一次实际应用所学知识的机会，也是对个人成长和社会责任感的锻炼。

学生参与社会企业项目的动机之一是对实际问题的关注。社会企业通常致力于解决社会或环境方面的问题，而学生对这些问题的关注激发了他们参与社会企业项目的兴趣。这种动机源于对社会使命的认同，学生希望通过自己的参与为解决现实问题贡献力量。

学生的专业兴趣和职业发展规划也是参与社会企业项目的动机之一。社会企业涉及多个领域，包括商业、环保、社会服务等，吸引了来自不同专业的学生。学生希望通过参与社会企业项目，将所学专业知识应用于实践中，提升自己在未来职业领域的竞争力。

学生对创业和实践经验的渴望也推动着他们参与社会企业项目。社会企业项目提供了一个创新、实际应用的平台，让学生能够在真实的商业环境中锻炼创业能力和实践技能。对于有创业梦想的学生而言，参与社会企业项目是实现梦想的重要一步。

社会企业项目的社会影响力也是吸引学生的因素之一。学生希望通过自己的努力，为社会创造积极的变革，提升社会的可持续发展。参与社会企业项目，能够让学生亲身感受到自己的工作对社会产生的积极影响，从而增强其社会责任感和使命感。

学生参与社会企业项目的期望主要集中在实践经验的积累和个人成长上。他们期望通过参与项目，获得真实的工作经验，提升团队协作和解决问题的能力；期望在项目中培养创新思维、适应不确定性的能力，为未来职业生涯的发展打下坚实的基础。

学生参与社会企业项目的动机和期望是多元化的，涵盖了对实际问题的关注、专业兴趣与职业规划、创业与实践经验的追求，以及对社会责任感和个人成长的追求。这种参与体验不仅对学生的学术发展具有积极意义，同时也培养了他们的社会责任感和实践能力。通过参与社会企业项目，学生能够体验到知识的实际运用，加深对专业的理解，促使自己不断提升自我，使自己更具竞争力。

2. 项目完成后的学生收获与反思

学生在高等职业院校创新创业教育中参与社会企业合作实践后，获得了丰富的经验与启示。这样的实践不仅拓宽了他们的职业视野，也培养了实际操作能力，并在反思中引发了对创新创业的深层次思考。

学生在社会企业合作实践中获得了实际操作的机会，通过解决实际问题增强了专业知识的应用能力。项目的完成让学生更深刻地理解了社会企业所面临的实际困难和挑战，使他们能够更好地运用课堂学到的理论知识解决实际问题，提高了专业实践能力。

学生在社会企业合作实践中强化了团队协作与沟通能力。合作项目的完成需要学生协同工作，与不同专业的同学进行有效沟通。这样的团队合作经验让学生更好地理解团队合作的重要性，并培养了良好的协作态度和沟通技巧。

在项目完成后，学生的个人成长也表现在创新思维的培养。通过实际项目的实践，学生不仅了解了问题背后的根本原因，还学会了灵活思考和提出创新性解决方案的能力。这样的创新思维让学生更具有适应未来职业环境的竞争力。

学生在社会企业合作实践中还深刻反思了社会责任的重要性。通过参与社会企业项目，学生不仅仅完成了任务，更是为社会问题提供了一种解决方案。这种责任心的培养让学生更加关注社会问题，认识到创新创业不仅仅为了个人利益，更为了社会的可持续发展。

学生在项目完成后形成了对创新创业的深层次思考。他们在实践中感受到了创业的喜悦和压力，思考了创新创业所需要具备的素质和能力。这样的反思使学生更清晰地认识到自己的发展方向和未来职业目标，并对创新创业有了更为深刻的理解。

高等职业院校创新创业教育中的社会企业合作实践为学生提供了丰富的学习经验与启示。通过实际项目的参与，学生获得了实际操作的机会，强化了团队协作和沟通能力，培养了创新思维，形成了对社会责任的认识，并深刻反思了创新创业的重要性。这样的学生收获与反思不仅丰富了他们的学术知识，更为他们未来的职业发展奠定了坚实的基础。

第四节　国际合作与高等职业院校创新创业教育

一、国际合作在高等职业院校创新创业教育中的理论基础

(一)国际合作在高等职业院校创新创业教育中的作用

国际合作在高等职业院校创新创业教育中发挥着不可忽视的作用。这种合作不仅拓宽了学生的国际视野，也促进了教育理念的交流与碰撞，为学生提供了更丰富的学术资源和实践机会。国际合作为学生提供了更广阔的国际视野。通过与国外高等院校、企业等进行合作，学生可以接触到不同文化、不同教育体系和不同创新创业实践的经验。这样的国际化视野有助于拓宽学生的思维边界，提升他们的全球竞争力，使他们更具国际背景的创新创业能力。

国际合作促进了创新创业教育理念的交流与碰撞。与国际合作伙伴进行深入合作，不仅仅是知识资源的共享，更是教育理念的交流与融合。通过借鉴国际先进的创新创业教育理念，高等职业院校能够更好地优化课程设置、更新教学方法，使创新创业教育更符合国际潮流和市场需求。

国际合作还为学生提供了更丰富的学术资源。与国外高校和研究机构的合作使学生能够参与到国际创新创业项目中，接触到最新的研究成果和前沿技术。这种国际学术资源的获取不仅拓宽了学生的知识面，还为他们的创新创业实践提供了更多的参考和支持。

在国际合作的框架下，学生能够参与到跨国企业的创新创业项目中。这种实际项目的参与使学生能够更深入地了解国际市场的运作规律和行业趋势，培养他们适应跨文化合作环境的能力。通过与国际企业的合作，学生能够建立国际化的人际网络，为将来的职业发展提供更广阔的空间。

国际合作还有助于提升学生的外语沟通能力。在与国际合作伙伴的交流过程中，学生需要运用外语进行沟通合作。这样的语言环境锻炼了学生的外语水平，提高了他们在国际环境中的语言交流能力。

国际合作在高等职业院校创新创业教育中发挥着积极的作用。它不仅拓宽了学生的国际视野，促进了创新创业教育理念的交流与碰撞，提供了更丰富的学术资源和实践机会，还培养了学生的跨文化合作能力和外语沟通技能。通过积极参与国际合作，高等职业院校能够更好地培养具有国际视野和国际竞争力的创新创业人才。

(二)跨国合作与高等职业院校创新创业教育的融合

高等职业院校创新创业教育的融合中，跨国合作扮演着重要的角色。跨国合作为高校提供了广阔的国际资源和视野，促使创新创业教育更符合国际潮流，使高校能够培养更具国际竞争力的人才。这种融合不仅体现在教育内容上，更包括了教学方法、实践项目以及学生体验等多个层面。

跨国合作推动创新创业教育注重国际化视野。通过与国外高校或企业合作，高等职业院校能够借鉴国际先进的创新创业教育理念和经验，拓宽学科边界，使课程内容更国际化。这有助于培养学生具备全球意识，成为具有跨文化沟通能力和国际思维的创业人才。

跨国合作推动创新创业教育引入国际化师资力量。与国外高校或企业的合作，为高校引进了更多国际化的师资力量。这些师资力量既能够分享国际最新的创新创业理念，也能够提供实际案例和经验。通过与国际师资的互动，学生能够更好地理解全球创业的趋势和规律。

跨国合作推动创新创业教育开展国际性的实践项目。与国外高校或企业的合作为高校提供了更多国际性的实践项目机会。学生能够参与国际性的创业比赛、项目合作等活动，通过与国际同行的合作，深化了对国际商业环境的了解，提升了解决实际问题的能力。

跨国合作推动创新创业教育强调跨文化团队协作。通过国际性实践项目，学生往往需要与来自不同国家、文化背景的同学合作。这种跨文化的团队协作能力的培养不仅有助于学生更好地适应国际商业环境，也提高了他们的跨文化沟通与协作能力。

跨国合作推动创新创业教育关注国际化的学生体验。通过国际化的合作项目，学生能够亲身体验国际创业的过程，更好地理解全球创新创业的机遇和挑战。这样的体验有助于激发学生的国际化视野和创业热情，提高其在国际市场竞争中的实力。

跨国合作与高等职业院校创新创业教育的融合推动了教育内容的国际化，引入了国际化的师资力量，开展了国际性的实践项目，培养了跨文化团队协作能力，关注了学生的国际化体验。这样的融合模式使创新创业教育更加贴近国际潮流，为培养具有全球视野的创业人才奠定了坚实基础。

(三)国际创新创业教育的比较研究

国际创新创业教育的比较研究是一项深入探讨不同国家和地区高等职业院校创新创业教育模式的重要工作。这一研究的理论基础主要包括教育理论、创新理论、创业理论和国际合作理论。

教育理论是国际创新创业教育比较研究的核心基础。不同国家和地区对于教育的理念和目标存在差异，这直接影响到创新创业教育的设计和实施。例如，一些国家强调学生的综合素质和创造性思维的培养，而另一些国家更注重学生的专业技能和实际操作能力的形成。通过对不同教育理念的比较，可以深入了解各国在创新创业教育中的重点和特色。

创新理论对国际创新创业教育的比较研究提供了深刻的洞察。创新是推动社会发展的关键力量，也是创业教育的核心目标之一。不同国家的创新理论体系和实践路径存在较大差异。一些国家注重科技创新和产业技术升级，而另一些国家强调社会创新和文化创意。通过比较研究创新理论，可以发现各国在培养学生创新意识和实践能力上的不同侧重点。

创业理论也是国际创新创业教育比较研究的基础之一。创业教育的目标之一是培养学生的创业精神和实际经营能力。不同国家在创业理论和实践中的侧重点和偏好也存在明显差异。一些国家强调创业家的个人品质和领导力，而另一些国家则更注重创业环境的创造和创新创业政策的制定。通过对创业理论的比较研究，可以了解各国在创业教育中的独特经验和成功模式。

国际合作理论为国际创新创业教育的比较研究提供了合作视角。不同国家高等职业院校之间的合作关系对于促进创新创业教育的国际交流和经验分享至关重要。国际合作理论探讨了不同国家合作的动因、机制和效果。通过对国际合作理论的研究，可以为促进跨国合作、共享创新创业教育资源提供理论指导。

国际创新创业教育的比较研究的理论基础主要包括教育理论、创新理论、创业理论和国际合作理论。通过对这些理论的深入研究，可以更好地理解不同国家和地区高等职业院校创新创业教育模式的异同，为推动全球创新创业教育的发展提供理论支持。

二、高等职业院校创新创业教育中的国际合作实践

(一)国际课程设计与教育资源共享

高等职业院校创新创业教育中的国际合作实践通过国际课程设计与教育资源共享，为学生提供了全新的学术视野和实践机会。这种形式的合作不仅拓宽了学生的知识领域，还促进了跨文化交流，提高了创新创业教育的国际化水平。

国际课程设计的实施使学生能够接触到来自不同国家、不同文化背景的创新创业理念和方法。通过与国际合作伙伴共同设计的课程，学生能够深入了解全球范围内的创新创业趋势和实践经验。学术视野的拓展有助于学生更全面地理解创新创业的多样性和复杂性。

国际合作还促进了创新创业教育资源的共享。合作伙伴之间可以共享教材、案例研究、教学方法等教育资源，从而充实了双方的教学内容。资源的共享不仅提高了教学质量，也为学生提供了更丰富的学习体验，使他们能够更好地应对国际化的创新创业挑战。

通过国际合作实践，学生有机会参与到国际性的创新创业项目中。这样的项目不仅仅局限于本国的市场，而是面向全球，使学生能够更深入地了解国际市场的运作规律和行业趋势。国际创新创业项目的实践让学生在跨文化合作中具备更强的团队协作能力和国际化的创新意识。

国际课程设计与教育资源共享有助于提高学生的外语水平。在与国际合作伙伴交流协作的过程中，学生需要使用外语进行沟通。这种语言环境的浸润促使学生不仅提升了专业领域外语水平，同时也提高了他们的跨文化交流沟通能力。

国际合作实践还为学生建立了广泛的国际人脉网络。通过与国际合作伙伴的交流与合作，学生有机会结识来自不同国家的同学和业界专业人士。这种国际人脉的建立不仅有助于学生在职业发展中拓展国际市场，还为他们提供了更多的创新创业合作机会。

高等职业院校创新创业教育中的国际合作实践通过国际课程设计与教育资源共享，为学生提供了更丰富的学术视野和实践机会。这种国际合作不仅促进了创新创业理念的交流，也为学生提供了更广泛的国际性创新创业体验，提高了他们的国际竞争力和创业能力。

(二)学生交流项目的组织与管理

在高等职业院校创新创业教育中，国际合作实践是一种重要的学习方式，能够拓展学生的视野、提升其创新创业能力。而学生交流项目的组织与管理是保证国际合作实践有效开展的关键因素之一。

组织与管理学生交流项目需要注重跨文化沟通。在国际合作实践中，学生来自不同的文化背景，拥有各种各样的价值观和工作习惯。组织方需要建立一个有效的跨文化沟通机制，确保信息传递的准确性和参与者之间的相互理解。这有助于促进团队合作，提高项目的执行效率。

组织与管理学生交流项目需要注重任务分配与协同合作。每个学生在项目中都有不同的专业背景和技能，组织方需要根据学生的优势进行任务分配，充分发挥每个学生的潜力。要鼓励学生之间

的协同合作，促使团队形成高效的工作机制，确保项目任务的顺利完成。

组织与管理学生交流项目需要灵活应对不同的项目需求。不同的国际合作项目可能面临各种各样的挑战，组织方需要具备灵活应变的能力。这包括在项目执行过程中对变化的及时响应，调整项目计划和资源分配，确保项目能够顺利进行。

组织与管理学生交流项目需要建立有效的团队沟通渠道。团队成员之间的有效沟通是项目成功的关键。组织方应当建立多样化的沟通渠道，包括线上和线下的方式，以确保信息能够迅速传递，团队成员能够及时协商解决问题，保障项目的正常推进。

组织与管理学生交流项目需要关注学生的成长与发展。国际合作实践不仅仅是为了完成特定的任务，更是为了提升学生的综合素养和创新创业能力。组织方应该关注学生在项目中的学习体验，鼓励他们主动分享经验，反思问题，推动自身的成长与发展。

组织与管理高等职业院校创新创业教育中的国际合作实践需要注重跨文化沟通、任务分配与协同合作、灵活应变、团队沟通渠道的建立以及学生的成长与发展。这些方面的有效组织与管理将有助于提高国际合作项目的执行效率，促进学生在项目中获得更为丰富的经验和能力的提升。

1. 学生交流项目的组织

高等职业院校创新创业教育中的国际合作实践中，学生交流项目的组织是一个关键环节。这一组织过程不仅关乎学生在国际合作中的有效沟通与合作，还直接影响到项目的实施和成果。学生交流项目的组织需要考虑多方面的因素，包括团队构建、项目目标明确、文化差异的处理等，以确保项目的成功进行和学生的全面发展。

团队构建是学生交流项目组织的基础。在跨国合作的背景下，组建一个多元化、具有协同能力的团队至关重要。团队成员的专业背景、文化背景、语言能力等因素都应被充分考虑。合理的团队构建能够为学生提供更广泛的视野和资源，促进项目中的创新和知识交流。

明确项目目标对于组织国际合作实践项目至关重要。在国际合作中，学生交流项目的目标应该既符合学校的教育理念，又须考虑到国际合作的特殊性。项目目标的明确性有助于激发学生的积极性，使他们在实践中能够更加有针对性地开展工作，取得更好的实际成果。

文化差异的处理是组织国际合作实践项目中的一项重要任务。学生来自不同国家和地区，拥有各异的文化背景和价值观。在组织过程中，需要认真研究和理解各个国家的文化差异，以避免因文化差异引发的误解和冲突。建立一种尊重并包容不同文化的团队氛围，有助于提高团队的协同效率。

有效的沟通机制是学生交流项目组织的关键。由于涉及跨国合作，语言沟通和信息传递就显得尤为重要。组织者应该建立清晰、高效的沟通渠道，确保团队成员能够迅速准确地获取信息，及时解决问题。这有助于提高团队的整体协同效能，保证项目顺利进行。

合理分配任务和资源也是学生交流项目组织的关键一环。在国际合作中，学生所处的环境和资源可能会有较大的差异，组织者需要具备合理的资源调配能力，确保团队各成员都能够在项目中充分发挥自己的优势。任务分配的合理性有助于提高团队的工作效率和项目的整体质量。

学生交流项目组织应该关注学生的全面发展。除了项目工作本身，组织者还应该为学生提供相关的培训和支持，帮助他们在国际合作中更好地适应和成长。这包括跨文化沟通能力的培养、团队合作技能的提升等，旨在培养学生具备更强的综合素养。

学生交流项目的组织在高等职业院校创新创业教育中具有重要意义。通过合理构建团队、明确项目目标、处理文化差异、建立有效沟通机制、合理分配任务和资源，并关注学生全面发展等多方面的工作，可以保证国际合作实践项目的顺利开展，为学生提供更丰富的学习经验和实践机会。

2. 学生交流项目的管理

高等职业院校创新创业教育中的国际合作实践中，学生交流项目的管理是一项至关重要的任务。这种管理涉及项目的策划、组织、执行和评估等多个方面，要求高校具备高效的组织和协调能力，以确保学生参与国际交流项目能够顺利实施，获得最大的教育收益。项目策划是学生交流项目管理中的关键一环。在策划阶段，需要充分考虑项目的目标、范围、时程和资源分配等因素。合理的项目策划能够明确学生交流项目的目的，确保项目的可行性，并为后续的实施提供清晰的指导方向。

项目组织是学生交流项目管理的核心。组织工作包括团队建设、任务分配、沟通协调等方面。建立高效的项目组织结构，明确每个成员的职责和任务，提高团队成员之间的协作水平，是确保项目成功实施的关键。

在项目执行阶段，需要注重对学生的支持和指导。这包括提供必要的培训，确保学生具备足够参与项目的知识和技能，同时及时解决学生在项目中遇到的问题，确保项目的顺利推进。

项目执行过程中，学生交流项目需要与国际合作伙伴进行紧密的沟通。这包括制订明确的沟通计划、确保信息的及时传递，以及解决跨文化沟通中可能出现的问题。保持开放、透明的沟通渠道，有助于促进项目各方的相互理解与合作。

项目管理中评估和反馈也至关重要。在学生交流项目结束后，需要对项目的执行情况进行全面评估。这包括对项目目标的达成程度、学生的学术和实践收获、团队合作情况等进行综合评估。通过对项目的反馈，高校可以不断优化项目管理流程，提高未来项目的质量。

学生交流项目的管理是高等职业院校创新创业教育中国际合作实践的重要组成部分。通过科学的项目策划、高效的组织协调、及时的支持和指导、有效的沟通合作，以及全面的评估反馈，高校能够确保学生交流项目的顺利实施，为学生提供更为丰富和有价值的国际交流体验。这种项目管理实践不仅有助于提升学生的综合素质，也推动了高等职业院校创新创业教育的国际化发展。

(三)国际合作对高校文化与创新创业氛围的塑造

高等职业院校创新创业教育中的国际合作实践对高校文化与创新创业氛围的塑造起到了积极的作用。这种合作不仅丰富了高校的文化内涵，还激发了创新创业的热情，为学生提供了更广阔的国际化学习与创业平台。

国际合作通过引入不同文化元素，为高校文化注入新的活力。与国际伙伴的交流与合作使高校师生能够深入了解不同国家、不同地区的文化传统和价值观。这种文化的多元性促进了高校文化的多样性和开放性，为学生提供了更广泛的文化体验和思考空间。

国际合作强化了高校的创新创业氛围。通过与国际合作伙伴共同设计的创新创业项目，高校能够引入国际先进的创业理念和实践经验。这种创新创业氛围的建立不仅激发了学生的创业兴趣，也促进了创新创业教育的不断升级和创新。

  国际合作进一步打破了传统的学科和专业壁垒，形成了更为开放、跨学科的学术交流模式。这样的交流模式使不同专业的学生能够共同参与到创新创业项目中，充分发挥各自的优势，形成更富有创意的团队合作。这有助于培养学生的综合素养，提升其解决实际问题的能力。

  国际合作为高校提供了更丰富的学术资源。通过与国际高校、研究机构的合作，高校可以分享先进的教学方法、优质的教材以及最新的创新创业研究成果。这样的资源共享不仅提升了高校的教学水平，也为学生提供了更为全面和实际的创新创业教育。

  国际合作的实践推动了高校创业文化的培养。通过参与国际创新创业项目，学生能够更深入地理解国际市场的运作机制和行业趋势，培养国际化的商业思维。这种文化的培养有助于学生更好地适应国际商业环境，提高其国际竞争力。

  高等职业院校创新创业教育中的国际合作实践对高校文化与创新创业氛围的塑造起到了重要作用。它丰富了高校的文化内涵，激发了创新创业的热情，推动了学术交流和资源共享，形成了更为开放和国际化的创新创业教育体系。这种合作实践为学生提供了更广阔的国际化学习与创业平台，培养了具有全球视野和国际竞争力的创新创业人才。

第七章　高等职业院校创新创业文化与价值观塑造

第一节　创新创业文化的建设与传承

一、高等职业院校创新创业文化建设的理论与原则

(一)创新创业文化在高等职业院校中的意义

在高等职业院校中，创新创业文化的建设对培养学生的综合素质和适应未来职业挑战具有重要意义。这种文化的构建不仅为学生提供了创新创业的理念和方法，更促进了整个高校的学术氛围和教育模式的升级，推动了创新创业教育的发展。

创新创业文化的建设有助于激发学生的创新意识。通过在高等职业院校营造鼓励创新的文化氛围，学生更容易培养对新思想、新方法的敏感，积极主动地参与创新创业实践。这样的文化氛围有助于引导学生在学习和生活中充分发挥创造性思维。

创新创业文化的建设能够提高学生的实践能力。通过将创新创业理念融入高校教学过程，学生将更多接触到实际问题和实践挑战，培养了他们解决问题的实际能力。创新创业文化的构建有助于将课堂知识与实际运用相结合，使学生具备更强的实际操作技能。

在创新创业文化的浸润下，学生将更加关注团队协作和交流沟通的重要性。创新创业往往需要多学科的协同合作，而创新创业文化建设能够促进学生之间的交流，加深他们对团队协作的理解和体验，培养其领导才能、沟通技能以及团队协作精神。

创新创业文化的建设还能够培养学生的创业精神。在这种文化中，学生更容易接触到创业的机会和挑战，学到创业所需的相关知识和技能。这种创业精神的培养不仅有助于学生将来从事创业活动，也使他们在就业市场上更具竞争力。

创新创业文化的构建还推动了高等职业院校整体教育模式的更新。这种文化强调实践与理论相结合，注重学生的全面素养培养，推动了传统教学模式向更注重实际应用和实践能力培养的方向转变。这对高等职业院校的整体发展和教学水平提升具有积极作用。

创新创业文化在高等职业院校中的建设具有深远的意义。它不仅激发了学生的创新意识，提高了他们的实践能力，促进了团队协作和交流沟通，培养了创业精神，而且推动了整体教育模式的升

级。这样的文化建设不仅有助于学生更好地适应未来职业挑战，也为高等职业院校的可持续发展奠定了坚实的基础。

(二)创新创业文化建设的理论基础

创新创业文化建设在高等职业院校中具有重要的理论基础，这一文化的构建涉及多个层面，包括组织文化、教育文化、产业文化等。以下主要讨论高等职业院校创新创业文化建设的理论基础和原则。

创新创业文化建设的理论基础首先是创新理论。创新理论强调通过引入新思想、新方法、新技术等方式，改变组织内外的现状，推动组织的发展。在高等职业院校创新创业文化建设中，引入创新理论有助于塑造鼓励创新的氛围，促进学生、教师及管理人员在教学、科研和管理中的创新能力的提升。

创新创业文化建设的理论基础还包括创业理论。创业理论关注的是个体在创造新事物、实施新方案时所具备的创业精神和行为。在高等职业院校中，创新创业文化的建设可以通过培养学生的创业意识、创业技能和创业精神，激发他们在未来职业生涯中主动创造价值和应对挑战的能力。

创新创业文化建设的理论基础还涉及组织文化理论。组织文化理论强调组织内部共享的价值观、信仰、行为规范等元素对组织成员的行为和决策产生影响。在高等职业院校中，通过建设积极向上、鼓励创新创业的组织文化，可以推动学校内外部资源的有效整合，促进创新创业文化的深入发展。

创新创业文化建设的理论基础还涉及教育文化理论。教育文化理论关注教育组织内部的价值观、教育方法、教育环境等方面的构建。在高等职业院校中，创新创业文化的建设需要通过教育文化的引导，激发学生的创新创业潜能，使其在学术领域和职业领域都能够有所突破。

创新创业文化建设的理论基础还与产业文化理论相关。产业文化理论关注不同行业内部的价值观、经营理念以及对未来发展的愿景。在高等职业院校中，建设创新创业文化需要与相关产业的文化进行对接，确保学校的培养目标与产业发展的需求相匹配。

高等职业院校创新创业文化建设的理论基础涵盖创新理论、创业理论、组织文化理论、教育文化理论以及产业文化理论等多个方面。通过这些理论的综合运用，可以促使创新创业文化更为深入高等职业院校，全面地落地生根。

(三)创新创业文化建设的原则

创新创业文化的建设是高等职业院校推动创新创业教育和实践的核心要素之一。该建设过程的理论与原则应当综合考虑学校的文化传统、教育使命以及社会需求，形成具有校本特色的创新创业文化。根据学校的定位和发展目标，创新创业文化建设的原则应当紧密联系学校的价值观。学校的价值观是创新创业文化建设的出发点和根基，既包括学术传统、职业培养理念，也包括社会责任感和创新精神。在建设过程中，应当保持对价值观的坚守，以确保创新创业文化与学校的整体发展一体推进。

注重学生的参与与主体地位是创新创业文化建设的重要原则之一。创新创业文化应当鼓励学生在学术研究和实践活动中发挥主体作用，培养学生创新思维和实际操作的能力。通过提供具有挑战性和创造性的实践机会，激发学生的创新潜能，培养他们在未来职业领域中的创业能力。

与产业界和社会合作是创新创业文化建设的另一重要原则。学校应当积极与企业、产业界建立紧密联系，开展产学研合作，将创新创业文化融到实际生产与服务中。通过与社会合作，学校能够更好地把握实际需求，为学生提供更切实可行的创新创业实践机会。

创新创业文化建设的原则还应当注重教师队伍的培养和引领。教师是创新创业文化建设的关键推动者，他们的教学理念和实践行为直接影响学生的创新创业能力培养。学校应当通过提供专业培训、激励机制等方式，引导和鼓励教师积极参与创新创业教育，形成浓厚的创新创业文化氛围。

创新创业文化建设原则中需注重传承与创新的平衡。学校应当尊重和传承自身的文化传统，同时在此基础上，引入新的理念和方法，推动创新创业文化的发展。通过在传统文化中注入现代创新元素，学校可以更好地适应时代发展的需求，为学生提供更具活力和实际意义的教育体验。

持续改进与适应性是创新创业文化建设的原则之一。创新创业教育与社会发展、产业变革密切相关，因此学校创新创业文化应当具有灵活性和适应性。在建设过程中，学校需要不断借鉴国际先进经验、关注行业发展趋势，及时进行文化调整和创新，以保持创新创业文化的活力和前瞻性。

高等职业院校创新创业文化建设的理论与原则应当紧密结合学校的价值观、学生主体地位、产业界与社会合作，以及教师队伍培养等多方面因素。通过原则的有机整合，学校能够构建一个既符合自身特色，又能够适应时代需求的创新创业文化体系。

二、高等职业院校创新创业文化的传承与发展

(一)文化传承与组织变革

在高等职业院校，创新创业文化的传承与发展是一项至关重要的任务。这涉及如何传承传统文化，推动创新创业理念的发展，使文化适应时代的需求，促进组织变革。

文化传承方面，高等职业院校需要通过继承先辈的经验和智慧，传递创新创业的价值观。这不仅包括学校创立初期的理念和使命，还涉及学校发展过程中形成的共同价值观和文化传统。通过弘扬传统文化，学校能够为师生建立起对创新创业文化的深刻认同，形成共同的文化认同感。

文化传承并不意味着僵化和守旧。在时代发展的过程中，高等职业院校需要不断调整文化传承的方式，使之更好地适应当下社会的需求。这可能涉及传统文化元素的转化和升华，以适应现代教育和创新创业环境的变化。传承中要注意保留核心价值，同时注重创新和变革，以保持文化的生命力。

组织变革方面，创新创业文化的发展需要与高等职业院校的组织变革相辅相成。在文化传承的基础上，学校需要灵活调整组织结构和管理模式，以更好地促进创新创业教育的实施。这可能包括引入更灵活的管理机制，激励教职员工的创新思维，以及优化决策流程，加速项目推进。

组织变革的一部分是引入先进的技术和教学方法，以提升创新创业教育的质量。高等职业院校需要积极借助现代科技手段，开发创新的教育工具和平台，促进师生之间的互动与合作。这样的变革有助于提高学生的学习体验，增强他们在创新创业领域的实际能力。

组织变革还需要关注学校内部的沟通与合作机制。高等职业院校的管理层应促进各部门之间的紧密协作，以便更好地推动创新创业文化的发展。这可能包括定期的跨部门会议、项目协作等方式，

以确保学校内部的资源和信息能够得到充分的共享和利用。

高等职业院校在创新创业文化的传承与发展过程中，需要平衡传统文化的保留和创新变革的推动。通过文化传承，学校可以建立共同的文化认同，形成良好的组织氛围。组织变革则能够使文化更好地适应时代需求，促进创新创业教育的实际推进。这种平衡与整合为高等职业院校在创新创业领域的发展提供了有力支持。

(二)创新创业教育与文化培育

高等职业院校创新创业教育与文化培育是一项综合性的工作，涉及教学、组织、社会与文化等多个层面。其传承与发展需要考虑学校的历史渊源、地域文化、学科特色等因素，以形成独特的创新创业文化。

创新创业教育的传承与发展需要结合学校的历史和传统。每个高等职业院校都有其独特的历史渊源和办学传统，创新创业文化的传承应该在尊重和继承这些传统的基础上进行。学校过去的成功经验和创业教育的先进理念可以为今后的创新创业文化发展提供有益的借鉴和启示。

创新创业教育的传承与发展需要深刻理解地域文化的影响。不同地域拥有独特的文化特色，这直接影响到创新创业文化的塑造。学校应该注重挖掘地方文化的元素，将其融入创新创业教育中，使其更具当地特色。这样的做法有助于激发学生对本土创新创业的兴趣，培养对地方社会发展的责任感。

创新创业教育的传承与发展需要结合学科特色进行有针对性的文化培育。不同学科领域对创新创业的要求不同，学校应该根据各专业特点，量身定制创新创业文化的培育方案。例如，工科专业可能强调技术创新和工程实践，而商科专业可能注重市场创新和商业实践。

创新创业文化的传承与发展需要考虑社会发展的趋势。随着科技和社会的不断进步，创新创业的形式也在不断演变。学校应该密切关注社会发展的趋势，及时更新和调整创新创业文化的培育方式，使其与时俱进。这有助于培养学生具备适应未来社会需求的创新创业能力。

创新创业文化的传承与发展需要强调学生参与的主体性。学生是创新创业文化的主要承载者和传播者，因此应该鼓励他们积极参与文化建设的过程。学校可以通过设立学生创业团队、组织创业比赛、提供实践机会等方式，激发学生的创业热情，使他们在实践中逐渐形成并传承学校独有的创新创业文化。

高等职业院校创新创业教育与文化培育需要充分考虑学校历史传统、地域文化、学科特色和社会发展趋势等多个方面的因素。通过有针对性地培育创新创业文化，可以使学校的创新创业教育更具有深度和广度，为学生的创新创业能力的培养提供更好的支持。

(三)创新创业文化的持续改进与适应性发展

高等职业院校创新创业文化的持续改进与适应性发展是一个复杂而动态的过程。这一过程需要不断地关注内外环境的变化，灵活调整文化元素，以确保文化的活力和前瞻性。创新创业文化的传承与发展涉及多方面的因素，包括领导层的支持、教师团队的培训、学生参与的激发等，同时需要时刻保持对产业趋势和社会需求的敏感性。

校领导的支持是创新创业文化持续改进的基础。校领导应当具备创新创业意识，积极支持创新创业文化的建设与发展。他们需要为文化改进提供资源支持、政策引导，同时为创新实践提供坚实的组织保障。校领导的支持不仅在理念上要明确，更需要在实际行动中得到体现，为整个文化建设提供有力推动。

教师团队的培训与提升是创新创业文化持续改进的关键。教师是文化传承和实践推动的核心力量。通过为教师提供创新创业知识和实践技能的培训，可以有效提高教师的创新创业意识，激发他们在教育实践中的创新潜力。定期的专业培训和交流活动有助于教师更新知识，增强创业实践经验，从而更好地引导学生参与创新创业活动。

学校应该通过创新教育方法，引导学生更积极地参与到创新创业文化的实践中。学生的参与是文化发展的生命力之一。鼓励学生参与创新实践项目、组织创业活动，激发他们的创新热情，培养创新创业能力。通过实际的项目实践，学生能够更深入地理解创新创业理念，形成创新思维，为未来的职业生涯打下坚实基础。

创新创业文化的持续改进还需要关注外部环境的变化。产业发展趋势、市场需求等外部因素对创新创业文化的形成和发展有着直接影响。学校应当密切关注产业发展的前沿动态，引导创新创业文化紧密结合社会需求，使其更具实际意义和前瞻性。建立与产业界和社会的密切联系，推动创新成果的转化和应用，实现创新创业文化的内外融合。

持续改进和适应性发展的原则也需要在文化的具体实践中不断调整。通过实践过程中的反馈机制，学校可以了解到创新创业文化的实际效果和存在的问题。根据反馈信息，进行灵活的调整和优化，使文化不断适应新的挑战和机遇。这也需要建立学校内部的沟通机制，促使各部门之间的协同配合，形成共同推动创新创业文化发展的力量。

高等职业院校创新创业文化的持续改进与适应性发展是一个动态过程，需要在校领导的支持下，通过教师团队的培训和学生的积极参与，关注外部环境变化，不断调整和优化文化元素，以适应不断变化的社会和产业需求。只有在不断地实践与调整中，创新创业文化才能保持活力，真正成为学校的核心价值和竞争优势。

第二节 创业家精神与价值观培养

一、创业家精神的理论基础

(一)创业家精神的概念与要素

创业家精神是指个体在创业过程中所展现的一系列积极的心理品质和行为特征。这种精神并不仅仅体现在创业者对商业机会的识别和利用上,还包括对风险的勇敢面对、对挑战的积极迎接,以及对创新的持续追求。创业家精神是一种跨学科的概念,涵盖了心理学、经济学、管理学等多个领域,对于高等职业院校培养学生的创业能力具有深远的理论基础。

创业家精神的要素包括创新思维、决策能力、执行力、风险承担能力以及团队协作精神。创新思维是创业家精神的核心要素之一。创业者需要具备富有创造力和创新意识的思维方式,能够主动寻找和发现商业机会,同时能够不断优化和改进自己的产品或服务。

决策能力是创业家精神中不可或缺的要素。创业者需要在面临不确定性和复杂性的环境中,迅速做出明智的决策。良好的决策能力有助于创业者在竞争激烈的市场中把握机遇,迅速应对各种挑战。

执行力是创业家精神的实践基础。拥有创业理念是不够的,创业者需要具备将理念付诸实践的能力,迅速有效地推动创业计划的实施。坚持和执行力使创业者能够克服困难,实现创业目标。

创业过程充满不确定性和风险,因此风险承担能力是创业家精神的又一重要要素。创业者需要冷静面对风险,勇于接受挑战,有预见力,并能做出明智的决策。

团队协作精神是创业家精神的重要补充。创业不仅仅是个体行为,更是团队协作的结果。创业者需要能够有效地与团队成员合作,发挥团队的协同作用,实现共同的创业目标。

在高等职业院校的培养中,创业家精神的理论基础主要体现在培养学生创新思维、强化决策能力、提升执行力、培养风险意识以及促进团队协作等方面。通过激发学生的创新潜力,引导其主动思考和解决问题的能力,高等职业院校能够在理论上为创业家精神的培养奠定基础。高等职业院校可以通过实践项目、实习实训等方式,锻炼学生在实际创业环境中的决策、执行和团队协作能力,从而更好地培养学生的创业家精神。

创业家精神作为一种跨学科的概念,在高等职业院校的培养中具有丰富的理论基础。通过重视创新思维、决策能力、执行力、风险承担能力和团队协作精神的培养,高等职业院校能够为学生成为具有创业家精神的人才提供良好的理论支持和实践平台。

(二)创新创业教育理论与创业家精神培养的结合

高等职业院校创新创业教育理论与创业家精神培养的结合是一项复杂而关键的任务,涉及对学生全面素质的培养以及对创业家精神的深刻理解。在此过程中,需要建立在坚实的理论基础上,将创新创业教育与创业家精神相互贯通,实现理论和实践的有机结合。

创新创业教育理论的基础之一是构建适应时代发展需求的教育体系。随着时代的不断演进，创新创业教育理论不断调整，以适应新兴产业和社会需求的快速变化。这种理论构建的核心是培养学生的创新能力、实践能力和团队协作能力，为其未来创业奠定基础。

创业家精神的培养理论源自对成功创业家行为和思维方式的深入研究。创业家精神包括对风险的接受、创新的追求、团队协作的重视以及对未知领域的探索。这些理论的形成是对创业家成功经验的总结，并在实践中不断演化。

将创新创业教育理论与创业家精神培养相结合，首先要强调创新创业教育的目标是培养学生具备创业家精神的全面素质。创业家精神是一种积极进取、勇于冒险、善于团队合作的精神风貌，与创新创业教育的理念高度契合。学校应该在教育体系中强化对创业家精神的培养，使学生在学习过程中逐渐形成积极的创业态度和习惯。

创新创业教育理论需要重视实践性的教学方式，以促使学生在实际操作中培养创业家精神。理论教育与实践相结合是创新创业教育的一个基本原则。通过创业实践项目、实地考察、实习等方式，学生能够更加深刻地理解并实践创业家精神，培养他们的决策能力和解决实际问题的能力。

创新创业教育理论与创业家精神培养的结合需要强调团队协作的重要性。创业家精神强调创新、冒险和团队协作，而在实际创业中，团队合作是成功的关键之一。学校应该通过组建创业团队、开展团队项目等方式，培养学生的团队协作和领导能力，使他们能够在未来的创业实践中更好地发挥团队作用。

创新创业教育理论与创业家精神培养的结合需要强调对学生全面素质的培养。除了专业知识外，创新创业教育还需要培养学生的创新思维、沟通能力、问题解决能力等多方面素质。这种全面素质的培养有助于学生更好地运用创业家精神，实现自身在职业生涯中的创新发展。

高等职业院校创新创业教育理论与创业家精神培养的结合需要在理论体系的构建、实践性教学方式的设计、团队协作和全面素质的培养等方面进行有机结合。通过这种结合，学校能够更好地促进学生创新创业精神的形成和发展，培养具备实际创业能力的创业人才。

（三）社会认知理论与创业家精神培养

社会认知理论对于高等职业院校创业家精神培养提供了重要的理论基础。该理论强调个体在社会交往中获取知识、形成观念和习得行为的过程，认为社会环境对于个体的认知发展具有深远的影响。在创业教育中，社会认知理论为培养学生创业家精神提供了有益的启示。

社会认知理论强调学习与社会互动的紧密关系。创业家精神的培养不仅仅是知识的传递，更是通过社会互动、合作与交流，让学生在实际中体验、认知创业过程。通过参与实际创业项目、与创业导师互动、与同学共同学习，学生能够更好地从社会环境中获取实践经验，形成对创业的深刻认知。

社会认知理论关注社会环境对认知过程的塑造作用。在高等职业院校，创业教育应当着眼于营造积极的社会环境，激发学生创业家精神的形成。学校可以通过组织创业讲座、邀请成功创业者分享经验，以及建立创业导师制度，提供一个丰富的社会交往平台，使学生更好地融入创业文化中，感受创业的魅力。

社会认知理论强调学习是一种社会化过程,而创业家精神的培养同样需要社会化的教育方法。高等职业院校可以通过开设创业课程、组织创业实践项目、建立创业团队等方式,将学生置身于真实的创业环境中,通过观察、模仿和参与,使学生逐渐形成创业思维和行为方式。

社会认知理论还强调学习的参与性和建构性。在创业教育中,学生不仅仅是被动接受知识的接收者,更是创业过程的参与者和建构者。通过参与实际创业项目,学生能够从实践中建构自己的创业认知,形成独立思考和解决问题的能力,培养创新创业的精神。

社会认知理论提倡学习的社会情境性。高等职业院校在创业家精神的培养中应当创造多元化的社会情境,使学生能够在不同的社会背景中感知和适应创业环境。通过组织创业比赛、与企业合作项目、参与社会创新活动等途径,学生可以更全面地认知创业过程中的社会情境,培养在不同社会环境下的适应性和创业能力。

社会认知理论强调学习的社会共同体性。在创业教育中,学生应当被引导进入一个创业的社会共同体,与创业导师、企业家、同学等形成紧密的社会联系。学校可以通过建立创业者交流平台、组织创业者分享会,形成一个共同体,使学生能够在这个社会共同体中感知创业文化,形成对创业的认同和理解。

社会认知理论为高等职业院校创业家精神的培养提供了丰富的理论支持。通过注重学生的社会互动、积极塑造社会环境、采用社会化的教育方法、强调学习的参与性和建构性、关注学习的社会情境性以及培养学生的社会共同体性,高等职业院校可以更有效地培养学生的创业家精神,使其在社会中更好地发挥创新创业的能力。

二、高等职业院校创业家价值观的塑造与培养

高等职业院校创业家价值观的培养是一个关乎学生未来发展的重要课题。创业家价值观不仅影响着个人的行为方式和决策思维,也对社会和经济发展产生着深远影响。创业家价值观的培养需要建立在学校的教育体系之上。学校应该设立创业教育的核心课程,将创业教育纳入到教学计划之中,使学生在学习过程中逐步形成创业家所需的价值观念和思维模式。

师资队伍的专业素养和实践经验对于创业家价值观的培养至关重要。学校应该引进具有丰富实践经验的创业导师和教授,他们能够为学生提供更为具体和实用的创业经验和指导,激发学生的创业潜能和创新精神。

学校应该注重创业实践的培养。创业实践是培养学生创业家价值观的重要途径之一。学校可以建立创业实践基地和创业孵化器,为学生提供创业的平台和资源支持,让学生在实践中感受创业的挑战和乐趣,逐步树立起创业家的价值观念。

校园文化的打造也是培养创业家价值观的关键环节之一。学校应该鼓励和支持学生参与各类创业活动和竞赛,营造积极向上、敢于创新的校园氛围,让学生在校园中自由交流和分享创业经验,形成共同的创业文化和价值观。

社会环境的支持和鼓励也对创业家价值观的培养至关重要。政府应该加大对创新创业教育的支持力度,出台相关政策和措施,为创业者提供更多的创业机会和支持服务,为创业家价值观的培养

提供良好的外部环境和条件。

高等职业院校创业家价值观的培养需要从教育体系、师资队伍、创业实践、校园文化和社会环境等多个方面入手，共同促进学生创业家价值观的形成和发展，为他们未来的创业之路打下坚实基础。高等职业院校创业家价值观的塑造是一项重要的任务，它涉及对学生创新创业精神和人格特质的培养。这一过程旨在培养学生具备积极进取、敢于冒险、创新意识和团队合作等价值观，使他们在面对挑战和机遇时能够做出积极的回应，并在创业道路上取得成功。

创业家价值观的塑造可以通过多种途径实现。教育机构可以通过课程设置和教学活动，引导学生了解创业家的成功经验和价值观，并借鉴其积极的创业精神和价值取向。学校可以组织学生参与创业实践活动，提供创业机会和平台，让学生亲身体验创业的艰辛和乐趣。

学校还可以通过导师制度和创业导师的指导，引导学生树立正确的创业观念和价值取向，帮助他们树立正确的创业目标和价值追求。学校还可以通过开展创业讲座、论坛和比赛等活动，为学生提供交流和学习的平台，激发他们的创业激情和创新能力。

创业家价值观的塑造也需要社会的广泛参与和支持。社会各界可以为高等职业院校提供资源支持和创业环境，为学生的创新创业活动提供必要的条件和机会。社会也可以通过鼓励创新创业、宣传成功创业案例等方式，传递积极的创业价值观和精神，激励更多的人投身创业事业。

高等职业院校创业家价值观的塑造是一项长期而复杂的过程，需要学校、社会和个人的共同努力。学校应该通过课程设置、实践活动和导师指导等方式，引导学生树立正确的创业观念和价值取向，激发他们的创业热情和创新能力；社会应该为学校的创新创业教育提供支持和帮助，为学生的创业活动提供必要的资源和条件；个人则应该树立积极的人生目标和价值追求，勇于挑战自我，追求创新创业的成功和价值实现。

(一)创业家价值观的构成与特征

创业家价值观是创业者在创业过程中所秉持的一系列信念、观念和行为准则，对于塑造创业者的行为方式和决策过程具有重要影响。高等职业院校在培养学生时，应注重创业家价值观的构建与培养，使学生在未来的职业生涯中能够具备积极向上的创业精神。

创业家价值观的构成主要包括责任感、进取心、创新意识、团队协作和社会责任感等要素。责任感是创业者价值观的基石，指创业者对自己的事业负责任、对社会负责，能够为自己的决策和行为负责。进取心体现创业者追求成功和进步的渴望，推动其在竞争激烈的市场中持续创新和改进。创新意识是创业者不断寻找和创造新商机的思维方式，使其在市场竞争中保持敏锐的洞察力。团队协作是指创业者具备良好的沟通和合作能力，能够与团队成员共同努力实现共同目标。社会责任感是创业者对社会环境和社会问题负责的一种价值观，体现在创业者的商业决策中有关环保、社会公益等方面的考虑。

创业家价值观的特征表现为强调长期利益、追求成就感和持续学习。创业者价值观中强调长期利益，意味着创业者在决策和行为中注重长远发展，考虑到对自己和企业的长期影响。追求成就感是指创业者对于实现自身目标和创业事业的成功能够获得满足感，这种成就感推动创业者在困难面前保持积极向上的态度。持续学习是创业者价值观的重要特征，意味着创业者始终保持对新知识、新技能的渴求，不断提升自己的能力和竞争力。

在高等职业院校中，创业家价值观的塑造与培养需要通过多方面的途径。教育体系要强调培养学生的责任感和团队协作能力。通过组织团队项目、实践活动等形式，培养学生团队协作的意识和能力。课程设置要注重培养学生的创新意识和社会责任感。引入创业实践课程、社会实践项目等，让学生在实践中感受创新的力量和对社会的责任。校园文化要强调创业者价值观的重要性，通过创业导师制度、企业家讲座等形式，让学生接触成功创业者，了解他们的价值观和创业经验。评价体系要注重创业者价值观的评估。不仅要关注学生的专业技能水平，还要评价其在团队协作、创新意识等方面的表现，以全面了解学生是否具备创业者的价值观。

高等职业院校在培养学生时应注重创业家价值观的构建与培养。通过强调责任感、进取心、创新意识、团队协作和社会责任感等要素，培养学生具备积极向上的创业精神。通过教育体系、课程设置、校园文化和评价体系的有机整合，高等职业院校能够为学生塑造积极向上的创业家价值观提供理论支持和实践平台。

创业家具有敢于冒险和创新的精神。他们不畏失败，勇于追求新的挑战和机遇，敢于打破传统束缚，探索未知领域。这种冒险精神和创新意识是创业家成功的重要因素之一，也是他们价值观的重要体现。

创业家具有坚韧不拔和持久奋斗的品质。在创业的道路上，他们会遇到各种困难和挑战，但他们能够保持乐观积极的态度，不断克服困难，坚持不懈地追求自己的梦想。这种坚韧不拔的品质是创业家价值观的重要组成部分。

另一个特征是创业家具有自我驱动和自主精神。他们不依赖于外部的指导和支持，能够自我激励，自我管理，自我完善。他们拥有强烈的内在动力和目标导向，能够有效地管理自己的时间和资源，追求个人成长和事业成功。

创业家还具有开放包容和团队合作的意识。他们乐于接受不同观点和意见，能够灵活应对复杂多变的环境，善于与他人合作，共同探索和解决问题。团队合作意识和开放包容态度是创业家在创业过程中取得成功的重要保障。

创业家的价值观还体现在对社会责任和可持续发展的关注。他们意识到自己的行为对社会和环境的影响，注重企业的社会责任和可持续发展，积极参与公益活动，为社会做出积极贡献。

创业家价值观的特征在于敢于冒险和创新、坚韧不拔和持久奋斗、自我驱动和自主精神、开放包容和团队合作，以及关注社会责任和可持续发展等方面。这些特征不仅是创业家成功的重要因素，也是高等职业院校创新创业教育中需要培养和弘扬的重要品质和价值观。通过培养学生的创业精神和价值观，高等职业院校可以为社会培养更多具有创新能力和社会责任感的优秀人才，推动创业生态系统的健康发展和可持续繁荣。

创业家价值观的构成在高等职业院校涉及多个方面，涵盖了个体的人格特质、职业观念、团队协作和社会责任等维度。这一构成旨在培养学生具备创新创业所需的综合素养，使其能够在不断变化的社会环境中积极应对挑战、追求成功，并具备社会责任感。创业家价值观的构成涉及对个体人格特质的培养。这包括自信、决断、坚韧、乐观等品质，使学生能够在创业过程中面对各种压力和困难时保持积极向前的态度，具备坚韧不拔的精神品质。

职业观念是创业家价值观的重要组成部分。学校需要通过教育和培训，引导学生树立正确的创业观念，包括对风险的认识、对市场的洞察、对创新的追求，使其能够在创业过程中保持理性思考，做出明智的决策。

创业家价值观的构成还需要涵盖团队协作的能力。创业往往需要团队协作，学生需要培养具备协同合作、沟通协调等团队精神的价值观，使其能够在团队中发挥最大的创造力。

社会责任感也是创业家价值观不可或缺的组成部分。学校需要培养学生具备社会责任感，使其在创业过程中考虑社会影响、履行社会责任，实现经济效益与社会效益的有机统一。

在创业家价值观的构成中，创新思维也是至关重要的一环。学校需要通过课程设置、实践项目等方式培养学生的创新意识和创造力，使其能够在不断变化的市场中不断寻找新的商机，推动企业持续发展。

创业家价值观的构成还需包括对成功和失败的理性认知。学校需要培养学生正确对待成功与失败的态度，使其能够从经验中吸取教训，不畏失败，勇于迎接挑战。

高等职业院校在构建创业家价值观时需要涵盖个体人格特质、职业观念、团队协作、社会责任感、创新思维、对成功和失败的认知等多个维度。通过多样化的教育和培训手段，使学生在创业过程中能够全面发展，形成积极向上的创业家价值观。

(二)创业家价值观培养的理论支持

在培养创业家价值观方面，理论支持至关重要。高等职业院校作为创业家培养的摇篮，其塑造与培养创业家价值观的任务尤为重要。创业家价值观的塑造与培养需要多方面的理论支持，包括社会学、心理学、教育学等多学科。

社会学提供了对创业家在社会环境中角色认知和社会责任感的理论基础。创业家需要认识到自己在社会中的定位，明确自己的社会责任，才能在创业过程中更好地应对各种挑战和困难。社会学理论帮助创业者从更宏观的角度审视自己的行为和决策，注重社会效益和可持续发展。

心理学为创业家的心理健康和自我认知提供了理论支持。创业过程中常常伴随着压力、焦虑和挫折，而心理学理论可以帮助创业者更好地理解自己的情绪和行为，学会有效应对和调节情绪，保持积极的心态和自信心。心理学还关注创业者的自我认知和自我管理能力，帮助他们建立正确的自我评价和目标设定，提升自我效能感和自我激励。

教育学为高等职业院校创业家价值观培养提供了教学方法和策略的理论支持。通过创新的教学模式和实践活动，高校可以帮助学生全面提升创业素养和价值观。例如，通过案例教学和角色扮演等方式，让学生深入了解创业者面临的现实问题和挑战，培养他们的创新意识和解决问题的能力；通过实践课程和创业实践基地，让学生亲身体验创业过程，锻炼他们的创业能力和团队合作精神。

高等职业院校创业家价值观的塑造与培养需要多学科理论的支持和整合。社会学理论帮助创业者认识社会责任和角色认知，心理学理论关注创业者的心理健康和自我认知，教育学理论提供教学方法和策略的支持。只有多方面的理论支持和实践探索相结合，才能有效培养创业家价值观，为创业者的成长和发展提供良好的理论基础和实践支持。

(三)高等职业院校创业家价值观培养的实践策略

高等职业院校创业家价值观的培养是一项重要任务，需要精心设计实践策略。这一过程涉及多方面的因素，包括课程设置、导师指导、实践项目等方面的安排。

课程设置方面，应设计涵盖创业理念、创新思维、风险管理等内容的课程。这些课程应注重实践性和案例分析，让学生通过学习真实案例了解创业的挑战和机遇，培养敢于创新、善于解决问题的品质。

导师指导方面，应为学生提供专业的指导和支持。导师应具有丰富的创业经验和专业知识，能够引导学生树立正确的创业价值观，帮助他们认识到创业的风险与机遇，培养扎实的创业基础和敏锐的市场洞察力。

实践项目方面，应提供丰富多样的实践机会。学生可以参与创业实践课程、创业比赛、创业孵化计划等项目，通过实际操作了解创业流程和经营管理，培养敢于担当、善于合作的创业家精神。

校企合作也是培养创业家价值观的重要途径。学校可以与企业建立紧密的合作关系，为学生提供实习机会、创业导师等资源，让学生在实践中感受到创业的挑战和乐趣，树立正确的创业观念和价值取向。

社会环境也对创业家价值观的培养起到重要作用。学校应营造积极向上的创业氛围，鼓励学生勇于尝试、勇于创新，充分发挥他们的创造力和创业潜力，为创业家的成长提供良好的社会支持和舞台。

高等职业院校创业家价值观的培养需要课程设置、导师指导、实践项目、校企合作等多方面的共同努力，帮助学生具备扎实的专业知识，树立正确的创业观念，培养积极向上的创业家价值观，为未来的创业之路奠定坚实的基础。

第三节 创新创业文化对高等职业院校学生的影响

一、创新创业文化的构建与要素分析

创新创业文化的构建对高等职业院校学生产生深远影响。这种文化的培育不仅仅是为了促进创新创业活动的开展，更是为了激发学生的创新潜能，培养他们成为具备创业精神和创新能力的人才。

创新创业文化的构建可以激发学生的创新意识和创业激情。通过学校的教育和引导，学生能够了解到创新创业的重要性和意义，从而在学习和生活中产生对创新创业的浓厚兴趣和热情。

创新创业文化的构建有助于培养学生的创业精神和创新能力。学校可以通过课程设置、实践项目等方式，引导学生锻炼自己的创业能力和创新思维，使其在面对问题和挑战时能够灵活应对，勇于创新。

创新创业文化的构建还能够促进学生的团队合作和沟通能力。创业往往需要团队协作，学校可以通过开展团队项目和合作活动，培养学生具备良好的团队精神和协作能力，使其能够在团队中充分发挥自身优势，共同实现创业目标。

创新创业文化的构建还能够拓展学生的视野和思维方式。通过参与创新创业活动和与企业合作，学生能够了解到实际的市场需求和行业动态，拓展自己的视野，培养跨学科的思维方式，为未来的创业之路打下坚实的基础。

创新创业文化的构建也有助于提升学生的就业竞争力和创业能力。在当前社会经济形势下，创新创业已经成为就业的重要方向，学生通过学习创新创业文化，能够更好地适应社会的发展需求，提升自己的就业竞争力，甚至实现自主创业。

创新创业文化的构建对高等职业院校学生产生了积极而深远的影响。通过培育学生的创新意识、创业精神、团队合作能力、跨学科思维和就业竞争力，创新创业文化为学生的成长和发展提供了重要的支持和保障。

创新创业文化是指在一个组织或社会中，倡导并促进创新和创业精神的一系列价值观、行为规范和制度安排。对于高等职业院校的学生来说，创新创业文化的要素分析具有重要意义，因为它不仅影响着学生的个人发展，也塑造了整个学校的教育环境和氛围。创新创业文化的要素包括对创新和变革的鼓励与支持。学校应该建立鼓励学生尝试新思路、提倡创新实践的文化氛围。这种文化能够激发学生的创造力和创新潜能，使他们勇于尝试、敢于失败，从而培养出更多具有创新意识和创业精神的人才。

创新创业文化的要素还包括对风险承担和失败容忍的理解与支持。在创新创业过程中，风险与失败是不可避免的，而一个积极的创新创业文化应该能够让学生对失败持有正确的态度，并给予他们重新尝试的机会和支持。这种文化能够让学生更加勇敢地面对挑战，不断积累经验，不断完善自己的创新创业项目。

另一个重要的要素是创新创业文化中的跨学科合作与开放共享。创新和创业往往需要不同领域的知识和技能相互融合，而一个开放共享的文化环境能够促进跨学科的交流与合作，为学生提供更广阔的发展平台和资源支持。这种文化能够让学生在团队合作中学会倾听、学会协作，更好地发挥集体智慧，实现创新创业的共赢。

创新创业文化的要素还包括对创新创业成功案例的宣传与推广。学校应该通过各种渠道，向学生展示成功的创新创业案例，让学生了解到创业并非遥不可及，激发他们的创业热情和信心。这种文化能够帮助学生树立正确的创业目标，树立积极的人生态度，为他们的创业之路指明方向。

创新创业文化的要素还包括对创新创业教育资源的投入和支持。学校应该为学生提供丰富多样的创新创业教育资源，包括课程设置、实践项目、导师指导等方面的支持。这种文化能够为学生提供全方位的创业教育，帮助他们掌握创业所需的知识和技能，为将来的创业之路做好充分准备。

创新创业文化的要素分析对高等职业院校的学生具有重要影响。一种积极向上、鼓励创新与创业的文化氛围能够激发学生的创造力和创新潜能，塑造他们积极向上的人生态度，为他们的个人发展和社会贡献奠定坚实基础。学校应该重视创新创业文化的建设，努力营造良好的文化氛围，为学生的创新创业之路提供更好的支持和保障。

（一）创新创业文化的基本概念

创新创业文化是一种组织内部的价值观和行为准则，它鼓励成员在创新和创业过程中追求卓越，倡导开放、包容的工作环境，并促使个体和团队更好地适应变化和挑战。在高等职业院校中，创新创业文化对学生产生深远的影响，既推动了学生的创新思维和创业精神，也塑造了积极向上的学术和职业氛围。

创新创业文化的基本概念可以从以下几个方面进行理解。它强调对创新的重视。创新创业文化鼓励成员不断追求新的思想、方法和解决方案，推动组织和个体不断创造新价值。创新创业文化倡导开放性和包容性。它鼓励成员分享想法、接纳多样性，并创造一种宽松的环境，使创新和创业能够在自由开放的氛围中蓬勃发展。创新创业文化注重团队协作。它认为创新和创业不仅仅是个体行为，更需要多学科、多领域的协同合作，强调集体的力量和团队的智慧。

创新创业文化对高等职业院校学生产生了深刻的影响。它激发了学生的创新思维。通过创新创业文化的熏陶，学生更容易接受新事物、新观念，培养了他们对未知领域的好奇心和求知欲。这种创新思维的培养有助于学生更好地适应未来不断变化的职业环境。

创新创业文化促进了学生的创业精神。在这样的文化氛围中，学生更容易接触到创业的机会和挑战，学到创业所需的相关知识和技能。创新创业文化的浸润使学生在创业领域更具竞争力，更愿意迎接创业的挑战。

创新创业文化还塑造了积极向上的学术和职业氛围。学生在这样的文化环境中更容易形成对知识的追求和对事业的奋斗精神。学术和职业氛围的形成有助于提高学生的学术水平，培养他们对职业发展的积极态度。

创新创业文化注重团队协作，使学生更容易形成团队合作的意识和习惯。学生在这样的文化中学到团队沟通、协作和领导等方面的技能，为未来职业生涯中的团队工作打下坚实基础。

创新创业文化对高等职业院校学生产生了深远的影响。它激发了学生的创新思维，促进了创业精神的培养，塑造了积极向上的学术和职业氛围，强调了团队协作的重要性。这样的文化构建有助于培养学生更好地适应未来职业发展的需求，为他们的创新创业之路打下了坚实基础。

(二)创新创业教育体系的建设

高等职业院校创新创业教育体系的建设对学生的发展起着重要的推动作用，同时创新创业文化对学生的影响也是深远而全面的。这两者相互交织、共同构成学校创新创业生态系统，为学生提供了更加广泛和深入的学习与发展机会。

创新创业教育体系的建设涉及多层次的学科布局。学校应当构建丰富多彩的创新创业课程，包括但不限于创新管理、创业融资、市场营销等相关领域。这样的学科布局有助于为学生提供全面的知识体系，使其能够在未来的创业实践中有所准备。

创新创业教育体系的建设需注重实践环节的设计。实践是培养学生实际操作能力的关键环节。学校可以通过创业实训、企业实习、创客空间等方式，为学生提供体验真实业务环境的机会，使他们能够在实践中更好地理解和应用创新创业的知识。

创新创业教育体系的建设需要注重师资队伍的培养。教师队伍是创新创业教育的重要支撑，他们需要不仅具备丰富的实践经验，还要紧跟行业发展动态，不断更新知识储备。通过培养高水平的师资团队，学校能够更好地引导学生深入理解创新创业领域的知识和技能。

创新创业文化对学生的影响主要体现在激发学生创新潜能、塑造积极的创业态度和培养团队合作精神等方面。创新创业文化激发学生的创新潜能，使其在学习和实践中能够更加主动地提出新的问题、寻找创新解决方案。学校可以通过开展创意竞赛、举办创业讲座等形式，激发学生对创新的热情，培养他们的创造力。

创新创业文化有助于塑造学生积极的创业态度。创业往往伴随着风险和不确定性，学生需要具备积极应对困难的心态。通过创业导师的指导、创业成功者的分享等方式，学校能够使学生在心理上建立对创业的积极期待，培养他们在创业过程中坚韧不拔的品质。

创新创业文化培养学生的团队合作精神。在创业实践中，很少有一个人能够完成所有的工作，团队协作是创业成功的关键。学校可以通过开设团队项目、组织团队建设活动等方式，培养学生具备有效沟通、协调合作的能力，使他们能够更好地适应未来职业生涯的要求。

高等职业院校创新创业教育体系的建设和创新创业文化的培育共同为学生提供了更全面、更深入的学习和发展机会。通过系统性、全方位的培养，学校能够为学生的创业能力和创新素质的提升打下坚实基础，使他们更好地适应未来社会的发展需求。

(三)创新创业文化与学校文化的关系

创新创业文化与学校文化密切相关。在高等职业院校，创新创业文化的建设对于塑造和培养创业家的价值观至关重要。学校文化是学校内部的价值观和行为准则的体现，而创新创业文化则是在这个基础上强调创新、创业和实践的重要性。学校文化与创新创业文化的融合共同为创业家的培养提供了有力支撑。

创新创业文化强调的是敢于尝试和探索新领域的精神，以及面对失败能够不断反思、总结经验教训，并勇于再次尝试的品质。这种文化对于塑造创业家的价值观具有重要作用。在高等职业院校中，创新创业文化可以通过课程设置、实践活动等形式得以体现和传承。例如，开设创新创业相关的课程和工作坊，组织创业比赛和项目孵化，为学生提供实践机会和创业资源，激发他们的创业激情和创新精神。

学校文化作为学校内部的价值观和行为准则，也对创业家的培养起着重要的影响。学校文化强调的是学术严谨、团队合作、社会责任等价值观，这些价值观对于培养创业家的品质和能力同样至关重要。学校文化通过师生关系、学术氛围、校园活动等方面的塑造，影响着学生的思想观念和行为习惯，进而影响其创业观念和创新能力的培养。

高等职业院校创业家价值观的塑造与培养需要学校文化和创新创业文化的有机结合。学校文化为创业家的培养提供了思想观念和行为准则的基础，而创新创业文化则为创业家的成长和发展提供了实践平台和资源支持。只有学校文化与创新创业文化相互融合，共同促进学生全面发展，才能真正塑造与培养创业家价值观。

高等职业院校应当注重学校文化和创新创业文化的建设与融合，通过多种形式和途径激发学生的创新创业潜能，培养他们的创业精神和创新能力，为他们成为具有社会责任感和创新意识的优秀创业家奠定良好的理论基础和实践基础。

二、创新创业文化对高等职业院校学生的影响

（一）创新创业文化对学生创业意愿的作用

创新创业文化对高等职业院校学生的影响深远而重要。创新创业文化不仅塑造了学生的价值观和行为方式，而且直接影响着他们的创业意愿和行动。创新创业文化的营造与培育在高等职业院校中扮演着至关重要的角色。

创新创业文化激发了学生的创业激情和创新意识。在创新创业文化的浸润下，学生接触到了更多的创业案例、成功经验和创新理念，激发了他们对创业的渴望和追求。创新创业文化强调自主创新和勇于尝试的精神，鼓励学生敢于挑战传统，勇于创新，从而激发出学生的创新潜能和创业激情。

创新创业文化培养了学生的创业能力和创新思维。创新创业文化强调实践，注重培养学生的创新思维和实践能力。通过参与创业活动、创新项目和实践，学生逐渐掌握了创业所需的技能和知识，培养了解决问题、寻找机会和创造价值的能力。

创新创业文化促进了学生的自我成长和职业发展。在创新创业文化的熏陶下，学生更加注重个人发展和职业规划，敢于面对挑战和困难，勇于追求自己的梦想和目标。创新创业文化强调自主创业和自我实现，鼓励学生勇敢尝试，不断挑战自我，从而促进学生的自我认知和职业发展。

创新创业文化丰富了学生的人生体验和社会交往。在创新创业文化的氛围中，学生有机会接触到更广阔的社会资源和人际网络，结识到志同道合的伙伴和导师，共同探讨创新创业的理念和实践。创新创业文化为学生提供了一个开放、包容、分享的平台，丰富了他们的人生阅历和社会交往，拓展了他们的人脉和资源。

创新创业文化对高等职业院校学生产生了深远的影响。它激发了学生的创业激情和创新意识,培养了他们的创业能力和创新思维,促进了他们的自我成长和职业发展,丰富了他们的人生体验和社会交往。创新创业文化的建设与培育是高等职业院校创新创业教育的重要组成部分,有助于培养更多具有创新精神和创业能力的优秀人才,推动社会经济的可持续发展。

(二)创新创业文化对学生创业意愿的影响

创新创业文化对高等职业院校学生的影响深远而广泛。这种文化不仅塑造了学生的思维方式和行为习惯,而且直接影响着他们的职业发展和社会责任感。

创新创业文化激发了学生的创造力和创新意识。在这种文化氛围下,学生受到鼓励去挑战传统观念,勇于探索新领域,寻找解决问题的创新方法。他们学会了从不同角度思考和解决问题,培养了独立思考和自主创新的能力。

创新创业文化培养了学生的实践能力和团队合作精神。通过参与创业项目、实践活动和实习实训,学生学会了将理论知识应用到实际工作中,锻炼了解决问题的能力和团队合作的技巧。他们在与同学、导师和企业合作的过程中,不断提升了沟通协调和团队协作的能力,为未来的职业发展打下了坚实基础。

创新创业文化培养了学生的创业精神和风险意识。在这种文化氛围下,学生学会了勇于承担责任和面对挑战,敢于尝试和创新,不畏失败,勇于追求自己的梦想。他们逐渐形成了乐观进取、敢于冒险的品质,培养了从失败中吸取教训、不断总结经验、自我提升的能力。

最重要的是,创新创业文化注重培养学生的社会责任感和可持续发展意识。学生在创新创业的过程中,不仅要考虑自身利益,还要关注社会环境和公共利益,积极参与社会公益事业,传播正能量,促进社会进步和可持续发展。他们明白自己作为一名创业者,应该承担起相应的社会责任,为社会做出更多的贡献。

创新创业文化对高等职业院校学生的影响是全方位的。它不仅培养了学生的创造力、实践能力和团队合作精神,还激发了他们的创业精神和社会责任感。这种文化氛围为学生的成长和发展提供了良好的环境和机会,为他们未来的职业生涯奠定了坚实的基础。创新创业文化的建设和推广对高等职业院校学生的全面发展具有重要意义。

1. 创新创业文化对学生团队协作能力的影响

创新创业文化对学生团队协作能力的影响是深远而积极的。在这种文化氛围中,学生被鼓励以团队为单位,共同探索创新和创业的道路。这种合作精神不仅培养了学生的团队意识和协作能力,还为他们今后的职业生涯奠定了坚实基础。创新创业文化促进了学生之间的信息共享和沟通交流。在团队合作的过程中,学生需要不断交流想法、分享资源和协商决策,这促使他们学会有效地沟通和协作。通过交流和互动,学生能够更好地理解彼此的想法和需求,协调团队内部关系,形成良好的团队氛围。

创新创业文化强调了团队的多样性和包容性。在团队合作中,学生有着不同的专业背景、文化背景和个人特点,这种多样性为团队带来了更多的想法和创意。学生学会了尊重和欣赏不同的观点和意见，善于发挥每个人的优势，充分发挥团队的潜力，实现协同效应。

创新创业文化鼓励学生在团队中发挥领导才能和团队精神。在团队合作的过程中，学生有机会担任不同的角色，发挥自己的领导能力和团队合作精神。有的学生可能更擅长领导团队、制订计划和分配任务，有的学生可能更擅长协调资源、解决问题和推动执行。通过团队合作，学生学会了彼此信任、相互支持，共同为团队的目标努力。

最重要的是，创新创业文化培养了学生的问题解决能力和应变能力。在团队合作中，学生经常面临各种挑战和困难，需要及时调整策略、解决问题，适应不断变化的环境。学生学会了灵活应对、勇于创新，通过团队协作不断寻求突破和进步。

创新创业文化对学生团队协作能力的影响是全方位的。它不仅促进了学生之间的信息共享和沟通交流，还强调了团队的多样性和包容性，鼓励学生发挥领导才能和团队精神，培养了学生解决问题的能力和应变能力。这种合作精神为学生今后的职业发展打下了坚实基础，使他们能够在团队中发挥自己的优势，共同实现个人和团队的目标。

2. 创新创业文化对学生创新能力的培养

创新创业文化在高等职业院校对学生创新能力的培养方面发挥着重要作用。这种文化激发了学生的创新潜能，培养了他们的创新意识和创新能力，对学生的成长和发展产生了深远的影响。

创新创业文化营造了积极向上的创新氛围。学校创新创业文化的建设使学生置身于一个充满创新活力和创业机会的环境中。这种文化激励学生勇于尝试、勇于创新，促使他们不断开拓思路、挑战传统，从而激发了他们的创新潜能和创新动力。

创新创业文化提供了丰富多样的创新资源和创业支持。学校创新创业文化的倡导和推广为学生提供了各种创新创业平台和资源，包括创业孵化器、创新实验室、创业导师等。这些资源为学生提供了实践机会和支持，为他们的创新活动提供了坚实的基础。

创新创业文化鼓励了学生勇于挑战和创新尝试。学校创新创业文化的倡导使学生不断接触创新的思想和实践，激励了他们勇于突破传统、勇于探索未知。这种文化让学生敢于面对挑战、勇于尝试新事物，从而培养了他们的创新意识和创新能力。

创新创业文化提倡了开放包容和合作共赢的创新精神。学校创新创业文化的倡导鼓励学生开放思维、包容多元，鼓励他们与他人分享创新想法和资源，促进合作共赢。这种文化培养了学生的团队合作精神和创新合作能力，为他们的创新活动提供了广阔的舞台。

创新创业文化提供了良好的创新创业教育和导师指导。学校创新创业文化的建设使学生可以接触到丰富的创新创业课程和导师资源，获得专业的指导和支持。这种文化为学生提供了学习和成长的机会，激发了他们的创新热情和创业梦想。

创新创业文化在高等职业院校对学生创新能力的培养方面发挥着重要作用。它激发了学生的创新潜能，提供了丰富的创新资源和创业支持，鼓励了学生勇于挑战和创新尝试，倡导了开放包容和合作共赢的创新精神，提供了良好的创新创业教育和导师指导。这些都有助于学生的创新能力得到有效培养和发展，为他们未来的创业之路奠定了坚实的基础。

第四节 文化多样性与高等职业院校创新创业教育

一、文化多样性的理论基础

(一)文化多样性的概念与特征

文化多样性是指在一个社会或群体中存在着不同的文化背景、价值观念、习俗和信仰。这种多样性体现在人们的语言、宗教、风俗习惯、艺术表达等各个方面。文化多样性的特征包括丰富性、动态性、交融性和包容性。

文化多样性的丰富性指的是不同文化之间的差异和丰富性。不同地区、民族和社会群体拥有独特的文化传统和历史积淀，形成了丰富多彩的文化面貌。每种文化都有其独特的价值观念、习俗传统和生活方式，反映了人类社会的多样性和丰富性。

文化多样性具有动态性，即文化不断变化和发展的特点。随着社会的变迁和人们的交往交流，文化会受到外部环境和内部因素的影响，不断演化和更新。新的思想观念、科技发展和全球化交流都会对文化产生影响，推动文化的变革和创新。

文化多样性还表现为交融性，即不同文化之间的相互影响和融合。在不同文化交流的过程中，人们会接触到其他文化的元素，吸收和融合其中的精华，形成新的文化形态和风貌。文化交流促进了人类社会的进步和发展，丰富了人们的精神生活和文化体验。

文化多样性具有包容性，即尊重和接纳不同文化的存在和发展。在一个多元文化的社会中，人们应该包容并尊重他人的文化传统和生活方式，倡导和谐共处、互相理解的文化氛围。文化包容性是构建和谐社会、促进文化繁荣的重要前提和基础。

在高等职业院校创新创业教育中，文化多样性提供了重要的理论基础和教育资源。创新创业教育需要充分尊重和借鉴不同文化背景下的创新精神和创业经验，促进不同文化间的交流与合作，激发学生的创新潜能和创业热情。通过开展多元化的课程设置、跨文化交流和合作项目，高等职业院校可以为学生提供广阔的视野和丰富的文化体验，培养他们的跨文化意识和国际视野，提升学生在全球化时代的竞争力和创新能力。

文化多样性在高等职业院校创新创业教育中具有重要意义。充分发挥文化多样性的优势和特点，可以为学生提供更广阔的发展空间和更丰富的学习资源，促进他们在创新创业领域的全面发展和成功实践。

(二)文化多样性对高等职业院校创新创业教育的影响

高等职业院校创新创业教育中的文化多样性对教育的影响是重大而深远的。文化多样性指的是来自不同背景、信仰、价值观和传统的学生群体在教育环境中共存和相互交流的现象。这种多样性为教育带来了丰富的资源和挑战，构建了一个多元而包容的学习环境，有助于学生的全面发展和创新创业能力的提升。

文化多样性为高等职业院校创新创业教育提供了丰富的资源和视角。不同文化背景的学生带来了不同的生活经验、价值观念和思维方式，为教学活动和创新创业项目注入了新的元素和动力。这种多样性激发了学生的创造力和创新思维，促进了创新创业教育的多样化。

文化多样性促进了学生之间的跨文化交流和合作。在多元文化的教育环境中，学生不仅能够了解和尊重他人的文化差异，还能够借鉴和吸收不同文化的优秀之处，形成互补和共赢的合作关系。这种跨文化交流和合作培养了学生的跨文化沟通能力和团队合作精神，为他们未来的创新创业活动提供了良好的基础。

文化多样性提高了学生的文化敏感性和包容性。在多元文化的教育环境中，学生需要学会尊重和理解不同文化背景的人，接受并包容多元化的观念和价值观。这种文化敏感性和包容性培养了学生的国际视野和全球意识，使他们能够更好地适应多元文化的社会环境，为国际化创新创业提供了有利条件。

文化多样性推动了创新创业教育内容和方法的不断更新和改进。面对不同文化背景的学生群体，教育者需要设计和实施多样化、灵活性的教学内容和教学方法，以满足不同学生的学习需求和学习风格。这种不断更新和改进的教育方式提高了教学质量和效果，促进了学生的全面发展和创新创业能力的提升。

文化多样性是高等职业院校创新创业教育的重要组成部分，对教育的影响是多方面的。它为教育提供了丰富的资源和视角，促进了学生之间的跨文化交流和合作，提高了学生的文化敏感性和包容性，推动了教育内容和方法的不断更新和改进。这种多样性为学生的全面发展和创新创业能力的提升提供了重要保障，为构建一个开放、包容、创新的教育环境做出了积极贡献。

（三）文化多样性对高等职业院校的挑战与机遇

高等职业院校面临的文化多样性，既是挑战，也是机遇。这种多样性为高等职业院校教育提供了丰富的土壤和广阔的视野。

文化多样性为高等职业院校带来了丰富的人才资源。不同文化背景的学生具有不同的经历、观念和智慧，这些差异性使得团队更具创造力和创新性。在创业教育中，学生们能够从彼此的文化中学习，拓展自己的视野，激发创新的火花。

文化多样性也带来了沟通与协作的挑战。源自不同文化的语言、行为习惯以及沟通方式，可能导致误解和冲突。跨文化沟通与协作是避免误解，解决冲突的最佳手段，也是当今全球化社会中至关重要的技能之一。

在创新创业教育中，文化多样性也促进了创新思维和创意的涌现。不同文化背景的学生可能会带来不同的问题解决方法和创意观点，这种多元化的思维方式有助于学生们更好地应对复杂的挑战和问题。

文化多样性也提醒着教育者要关注并尊重每个学生的独特性。教育不应是一种"一刀切"的模式，而应充分考虑学生文化背景、价值观念和个人需求上的差异，从而更好地满足他们的学习需求和发展潜力。

文化多样性对高等职业院校的挑战与机遇是密不可分的。通过有效地利用文化多样性，高等职业院校能够为学生提供更加丰富和全面的教育体验，培养出更具创新精神和全球视野的人才。

二、文化多样性对高等职业院校的挑战与机遇

(一)跨文化课程设计与开发

跨文化课程设计与开发是针对文化多样性对高等职业院校带来的挑战和机遇而提出的重要措施。文化多样性既是一种挑战，也是一种机遇。

文化多样性对高等职业院校带来的挑战主要体现在教学内容和教学方法上。不同文化背景的学生对课程内容的理解和接受有所差异，可能存在沟通障碍和文化冲突。传统的教学方法可能无法满足多元文化的学习需求，需要有针对性地调整和创新教学方式。

文化多样性也为高等职业院校带来了机遇和丰富的教育资源。不同文化背景的学生拥有不同的学习经验和知识储备，可以相互学习和交流，促进思维的碰撞和创新的产生。跨文化课程设计可以为学生提供更广阔的视野和更丰富的学习体验，培养他们的跨文化意识和国际视野。

在面对文化多样性的挑战时，高等职业院校可以通过以下方式应对。加强师资队伍建设，提升教师的跨文化教学能力和沟通能力，为学生提供更好的教学服务和支持。推动课程国际化，引入跨文化教育内容和案例，开展国际交流与合作，拓展学生的学习视野和交流渠道。建立多元化的评价体系，充分考虑学生不同文化背景下的学习特点和成绩表现，保障公平公正。

在利用文化多样性带来的机遇方面，高等职业院校可以开展以下工作。设计和开发多元化的跨文化课程，注重教学内容的多样性和灵活性，满足不同学生群体的学习需求。鼓励学生参与国际交流与合作项目，拓展其国际视野和跨文化交流能力，提升其全球竞争力和创新能力。建立跨文化交流平台，为学生提供交流互动的机会，促进不同文化间的相互理解和友谊。

文化多样性既是挑战也是机遇。高等职业院校应当充分认识文化多样性的重要性，积极应对挑战，善于把握机遇，推动跨文化课程设计与开发，为学生提供更加丰富和多元化的教育体验，培养他们的跨文化意识和国际竞争力，为构建和谐、包容的社会做出积极贡献。

(二)文化多样性与实践项目开展

高等职业院校创新创业教育中的文化多样性对教育的影响是重大而深远的。教育中的文化多样性指的是来自不同背景、信仰、价值观和文化传统的学生群体在同一个教育环境中共存和相互交流的现象。这种多样性为教育带来了丰富的资源和挑战，构建了一个多元而包容的学习环境，有助于学生的全面发展和创新创业能力的提升。

文化多样性为高等职业院校创新创业教育提供了丰富的资源和视角。不同文化背景的学生带来了不同的生活经验、价值观念和思维方式，为教学活动和创新创业项目注入了新的元素和动力。这种多样性激发了学生的创造力和创新思维，促进了创新创业教育的多样化和丰富化发展。

文化多样性促进了学生之间的跨文化交流和合作。在多元文化的教育环境中，学生不仅能够了解和尊重他人的文化差异，还能够借鉴和吸收不同文化的优秀之处，形成互补和共赢的合作关系。这种跨文化交流和合作培养了学生的跨文化沟通能力和团队合作精神，为他们未来的创新创业活动提

供了良好的基础。

文化多样性提高了学生的文化敏感性和包容性。在多元文化的教育环境中，学生需要学会尊重和理解不同文化背景的人，接受并包容多元化的观念和价值观。这种文化敏感性和包容性培养了学生的国际视野和全球意识，使他们能够更好地适应多元文化的社会环境，为国际化创新创业提供了有利条件。

文化多样性推动了创新创业教育内容和方法的不断更新和改进。面对不同文化背景的学生群体，教育者需要设计和实施多样化、灵活性的教学内容和教学方法，以满足不同学生的学习需求和学习风格。这种不断更新和改进的教育方式提高了教学质量和效果，促进了学生的全面发展，提升了学生的创新创业能力。

文化多样性是高等职业院校创新创业教育的重要组成部分，对教育的影响是多方面的。它为教育提供了丰富的资源和视角，促进了学生之间的跨文化交流和合作，提高了学生的文化敏感性和包容性，推动了教育内容和方法的不断更新和改进。

1. 跨文化团队合作与项目管理

高等职业院校面对着跨文化团队合作与项目管理的挑战与机遇。文化多样性的存在为这些院校带来了独特的挑战，但同时也为学生们提供了丰富的学习机会。文化多样性在团队合作中可能会引发沟通障碍和理解上的差异。不同文化背景的个体可能对同一问题有不同的看法和处理方式，这可能导致冲突和不和谐。跨文化团队合作也激发了新的想法和方法，促进了创新和解决问题的能力。

在项目管理方面，文化多样性可能会带来时间观念、工作方式和决策方式上的差异。一些文化可能更注重准时，而另一些则更注重人际关系和灵活性。这种差异可能会影响项目的执行和管理。通过理解和尊重不同文化的特点，可以更好地协调团队工作，提高项目的效率和成效。

文化多样性也为学生们提供了宝贵的学习机会。通过参与跨文化团队合作和项目管理，学生们可以学习跨文化沟通的重要性，培养包容和理解不同文化的能力。这种经验将对他们未来的职业发展产生积极的影响，使他们具备更广阔的视野和更强大的竞争力。

高等职业院校应该积极应对文化多样性带来的挑战，从而将其转化为机遇。通过加强跨文化交流和合作，促进学生之间的理解和协作，高等职业院校可以培养出更具国际竞争力的人才，为他们的未来职业发展打下坚实的基础。

2. 跨国实习与文化适应性培养

跨国实习与文化适应性培养是面向文化多样性所提供的重要机遇和挑战。文化多样性的挑战在于学生可能面临文化差异带来的困惑和适应问题，而机遇则在于通过跨国实习和文化适应性培养，学生能够提升跨文化交流能力，增进对多元文化的理解。

跨国实习与文化适应性培养能够帮助学生应对文化多样性带来的挑战。跨国实习提供了一个深入了解不同文化的机会，但也可能导致文化冲突和沟通障碍。文化适应性培养则有助于学生理解和尊重不同文化背景下的习俗和价值观，培养他们应对文化差异的能力，减少因文化冲突而产生的困扰。

跨国实习与文化适应性培养为学生提供了拓展视野和提升能力的机会。在跨国实习中，学生能够接触不同国家和地区的工作环境和文化氛围，了解国际化的商业运作方式和工作方法。通过文化适应性培养，学生能够提升跨文化交流和合作的能力，增强自身的国际竞争力和适应能力。

跨国实习与文化适应性培养也为高等职业院校带来了一系列的挑战和机遇。挑战主要体现在如何保障学生的安全和权益，解决跨国实习中可能出现的问题和纠纷。如何有效地组织和管理跨国实习项目，确保学生能够获得实质性的学习和成长，也是一个亟待解决的问题。

而机遇则在于高等职业院校可以通过跨国实习与文化适应性培养，拓展国际合作的渠道和平台，提升学校的国际影响力和竞争力。通过与国际企业和机构合作开展跨国实习项目，高等职业院校能够为学生提供更丰富的学习资源和更广阔的发展空间，促进学生国际化素养的提升和全面成长。

跨国实习与文化适应性培养是面向文化多样性提供的重要机遇和挑战。在面对文化多样性的挑战时，高等职业院校应当加强对学生的文化适应性培养，帮助他们更好地应对文化差异带来的挑战。学校也要积极把握跨国实习与文化适应性培养带来的机遇，拓展国际合作的渠道，提升学生的国际竞争力和适应能力，为构建和谐、包容的社会做出积极贡献。

第八章 高等职业院校创新创业教育的未来展望与发展策略

第一节 高等职业院校创新创业教育的未来趋势

一、技术创新对高等职业院校创新创业教育的影响

技术创新对高等职业院校创新创业教育产生深远影响。技术创新为创新创业教育带来新的可能性和挑战。技术创新改变了教学方式和内容。现代技术为教育提供了丰富多样的教学工具和资源，例如在线教学平台、虚拟实验室、远程教育等，为学生提供了更加便捷和灵活的学习途径。

技术创新催生了新兴产业和就业机会。随着科技的发展，新的行业和岗位不断涌现，为创新创业教育提供了更广阔的发展空间和就业机会。技术创新也带来了新的教育挑战和问题。例如，如何有效利用技术手段提升教育质量、如何解决数字鸿沟问题等，都是需要认真思考和解决的问题。

技术创新对高等职业院校创新创业教育的影响是双重的，既带来了新的机遇和可能性，也带来了新的挑战和问题，需要学校和教育部门不断探索和创新，促进创新创业教育与科技创新的融合发展。

（一）新一代技术对创新创业教育的挑战

新一代技术对创新创业教育带来了巨大挑战。随着科技的迅速发展，新一代技术不断涌现，对传统的创新创业教育模式提出了新的要求和挑战。技术创新对高等职业院校创新创业教育产生了深远影响。

技术创新使创新创业教育内容更加丰富和多样化。新一代技术为学生提供了更广阔的学习平台和更丰富的学习资源，拓展了创新创业教育的内容和形式。学生可以通过互联网、虚拟现实、人工智能等技术手段获取更多的信息和知识，开拓了创新创业的思路和视野。

技术创新提升了创新创业教育的教学方法和手段。传统的课堂教学模式已经不能满足学生的学习需求，新一代技术为创新创业教育提供了更多的教学工具和交互方式。例如，通过在线课程、远程教学、虚拟实验等技术手段，学生可以更灵活地学习和实践创新创业知识和技能，提升教学效果和学习体验。

技术创新促进了创新创业教育与产业的深度融合。新一代技术的应用使得创新创业教育更加贴近实际需求和市场趋势，帮助学生更好地理解产业发展动态和创新创业的实践路径。高等职业院校可以通过与企业合作开展技术创新项目、建立实践基地等方式，促进校企合作，培养学生的实践能力和创新意识。

技术创新也带来了一些挑战和问题。技术更新换代速度过快，使得教师和学生需要不断更新技术知识和应用能力，增加了教学和学习的压力。技术的普及和应用程度不均衡，可能造成信息不对称和资源不平等的现象，影响了学生的学习体验和教学效果。

针对技术创新对高等职业院校创新创业教育的影响，可以采取一系列措施应对挑战。加强教师的技术培训和能力提升，提升其应对新技术的能力和水平。推动创新创业教育与科技创新的深度融合，建立创新创业实验室、技术创新平台等，为学生提供更多的实践机会和创新资源。加强学生的技术素养培养，培养其信息获取、数据分析和问题解决能力，增强其应对技术挑战的能力。

技术创新给高等职业院校创新创业教育带来了挑战和机遇。面对技术创新的冲击，高校应积极应对，充分发挥技术创新的优势，提升创新创业教育的质量和效果，为学生的创新创业能力和竞争力的提升提供有力支持。

(二)技术创新对创新创业课程的影响

技术创新对高等职业院校创新创业教育产生了深远的影响。技术创新不仅改变了创新创业课程的内容和形式，也提升了学生的创业能力和竞争力。技术创新拓展了创新创业课程的内容和范畴。随着科技的发展，新兴技术不断涌现，如人工智能、大数据、区块链等，这些技术正在深刻地改变着各行各业的商业模式和运营方式。创新创业课程不再局限于传统的商业计划书编写和市场调研，而是涵盖了对新技术应用的探索和创新，使学生更加了解和掌握科技创新对创业的重要性。

技术创新推动了创新创业教育的方式和方法的更新。传统的课堂教学已经不能满足学生的需求，越来越多的高校采用了在线教育、实践教学等创新方式。例如，利用虚拟现实技术模拟创业环境，让学生身临其境地体验创业过程，提高了他们的实战能力和应变能力。技术创新也促进了教学资源的共享和互动，为学生提供了更广阔的学习空间和机会。

技术创新加速了创新创业教育与产业的深度融合。高等职业院校通过与企业合作，开设行业定制课程、实践项目等，使学生能够深入了解行业现状和需求，提前接触到实际工作中的挑战和机遇。技术创新也促进了学术界与产业界的紧密合作，加快了科研成果的转化和应用，为学生提供了更多的创业机会和平台。

技术创新提升了学生的创业能力和竞争力。通过参与技术创新项目，学生不仅可以掌握先进的技术知识和技能，还可以培养解决问题的能力和创新意识，提升了他们的创业能力和竞争力。技术创新也为学生提供了更多的创业机会，使他们在激烈的市场竞争中脱颖而出，实现自我价值和社会价值的双赢。

技术创新对高等职业院校创新创业教育产生了深远的影响。它拓展了创新创业课程的内容和范畴，推动了教育方式和方法的更新，促进教育与产业的深度融合，提升了学生的创业能力和竞争力。

随着科技的不断发展，技术创新将继续在高等职业院校创新创业教育中发挥重要作用，为学生的创业之路铺平道路，助力他们实现梦想。

(三)技术赋能下的创新创业导师模式

技术赋能下的创新创业导师模式在高等职业院校创新创业教育中扮演着重要角色。技术创新对高等职业院校的创新创业教育产生了深远影响。

创新创业导师模式在技术赋能下得到了强化和拓展。技术的不断发展和创新为创业导师提供了更多工具和资源，使其能够更好地指导学生进行创业实践。创新创业导师通过运用各种技术手段，如在线平台、虚拟实验室等，为学生提供更加个性化和实时的指导和支持。

技术创新为高等职业院校的创新创业教育注入了新的活力和动力。学生可以利用最新的技术工具和资源，更加高效地进行创业项目的策划、开发和推广。技术的应用不仅提升了学生的创业能力，也丰富了他们的创业经验，为他们未来的职业发展打下了坚实的基础。

技术创新还为创新创业教育带来了全新的教学方法和模式。传统的课堂教学已经无法满足学生的需求，而技术创新为教学提供了更多可能性，如远程教学、在线课程等，使学生能够更加灵活地学习和实践创新创业知识。

技术创新也带来了一些挑战和问题。高新技术的快速发展导致知识更新换代的速度加快，教师和学生需要不断学习和更新知识，以跟上技术的步伐。技术应用也可能会带来安全和隐私等方面的问题，需要引起高等职业院校的重视和管理。

技术赋能下的创新创业导师模式和技术创新对高等职业院校的创新创业教育产生了深远影响。借助技术的力量，创新创业教育将更加丰富多彩，为学生们提供更广阔的发展空间和更多的机遇。我们也需要认识到技术创新所带来的挑战，不断探索和完善创新创业教育的模式和方法，以更好地适应时代发展的需要。

(四)新一代技术对创新创业教育的机遇

新一代技术对创新创业教育带来了巨大的机遇。技术的迅速发展为高等职业院校创新创业教育提供了丰富的资源和全新的教学手段。技术创新深刻地影响着创新创业教育的方方面面，为学生的学习和实践提供了更广阔的空间和更多的可能性。

新一代技术为创新创业教育注入了新的活力和动力。通过互联网、人工智能、大数据等技术手段，学生可以更便捷地获取各种创业信息和资源，了解市场动态和行业趋势，激发创新创业的灵感和热情。技术的发展为创新创业提供了更多的路径和机会，为学生的创新创业实践打开了新的大门。

技术创新丰富了创新创业教育的内容和形式。传统的课堂教学已经不能满足学生的学习需求，新技术为创新创业教育提供了更丰富的教学资源和更多样化的教学方式。通过在线课程、虚拟实验室、远程导师等技术手段，学生可以跨越时间和空间的限制，与全球顶尖专家和企业家进行交流和学习，拓展了创新创业教育的广度和深度。

技术创新促进了创新创业教育与产业的深度融合。新一代技术的应用使得创新创业教育更加贴近实际需求和市场趋势，帮助学生更好地理解产业发展动态和创新创业的实践路径。高等职业院校可以通过与企业合作开展技术创新项目、建立实践基地等方式，促进校企合作，培养学生的实践能力和创新意识。

技术创新也为创新创业教育的评估和监测提供了新的手段和思路。通过大数据分析、智能化评价系统等技术工具，可以对学生的创新创业能力进行更全面、更客观的评估，为教育教学提供科学依据和精准指导，为高等职业院校提升创新创业教育的质量和效果提供了重要支持。

技术创新对高等职业院校创新创业教育的影响是全面而深远的。新一代技术为创新创业教育注入了新的活力和动力，丰富了教育的内容和形式，促进了教育与产业的融合，提升了教育的评估和监测水平。这些举措为学生的创新创业能力和竞争力的提升提供了有力支持，为构建创新型社会和培养创新创业人才打下了坚实基础。

二、社会变迁与创新创业教育的新趋势

(一)全球化与国际化创新创业教育

全球化和国际化对高等职业院校创新创业教育具有深远影响。随着全球化进程的加速，高等教育机构日益面临来自全球范围内的挑战和机遇。未来，创新创业教育将更加注重国际化发展，以满足不断变化的需求和趋势。

全球化和国际化将推动高等职业院校创新创业教育向更开放、多元、国际化的方向发展。学校将更加注重引进国际化的教学资源和课程，加强与国际合作伙伴的交流与合作，为学生提供更广泛的学习和实践机会。这将有助于学生更好地了解全球创新创业的趋势和机遇，增强国际视野和竞争力。

全球化和国际化还将促进创新创业教育的跨文化交流与合作。学生将有机会与来自不同国家和地区的同学合作，共同探讨创新创业的问题和挑战，开拓跨文化的视野和思维。这种跨文化交流与合作将促进学生的全面发展和跨文化沟通能力的提升，为他们未来的国际化创新创业活动奠定坚实基础。

全球化和国际化也将推动高等职业院校创新创业教育的教学方式和方法的创新与优化。学校将更加注重运用现代化技术手段，开展在线教育、虚拟实验室等创新教学模式，拓展学生的学习空间和时间，提升教学效果和质量。学校还将加强创新创业实践项目的国际化合作，为学生提供更广阔的实践平台和机会。

全球化和国际化将加速高等职业院校创新创业教育的国际认证和标准化进程。学校将积极参与国际认证和评估体系，提升教育质量和水平，增强学生的国际竞争力。学校还将借鉴国际先进经验，不断优化创新创业教育的体系和机制，推动教育改革和发展。

全球化和国际化是高等职业院校创新创业教育的未来趋势。学校将积极响应全球化挑战和机遇，加强国际交流与合作，推动教育教学的国际化发展，为学生的全面成长和国际化创新创业活动提供更好的支持和保障。

(二)社会创新与可持续发展

社会创新与可持续发展已成为高等职业院校创新创业教育的关键方向。未来趋势将更加突出社会价值和可持续性。

社会创新强调以解决社会问题为导向的创新。高等职业院校将积极培养学生的社会责任感和创新能力，鼓励他们关注社会问题，并通过创新的方式为社会带来积极的变革。教育将更加注重培养学生的社会意识和公益精神，使他们成为具有社会责任感和创新精神的未来创业者。

可持续发展是未来创新创业教育的重要方向之一。高等职业院校将注重教育内容和实践活动与可持续发展目标相结合，培养学生的环保意识和可持续发展思维。学生们将被激励去探索创新的解决方案，以应对气候变化、资源短缺等全球性挑战，促进经济、社会和环境的协同发展。

未来趋势还将强调跨学科和跨界合作。高等职业院校将鼓励学生跨越学科边界，积极参与跨学科的创新项目和实践活动。院校还将促进学生与企业、政府和非营利组织等不同领域的合作，共同探索解决社会问题的创新途径，推动可持续发展的实现。

教育技术的应用也将成为未来创新创业教育的重要趋势。高等职业院校将积极利用信息技术和在线学习平台，提供更加灵活和个性化的教育服务。通过在线课程、虚拟实验室等技术手段，学生们可以更加便捷地获取知识和技能，拓展创新创业的视野和机会。

社会创新与可持续发展已成为高等职业院校创新创业教育的重要趋势。未来，教育将更加注重培养学生的社会责任感和创新能力，强调可持续发展的理念和实践，促进跨学科和跨界合作，借助教育技术推动创新创业教育的发展，为社会的可持续发展作出积极贡献。

1. 社会企业与创新创业教育的深度融合

社会企业与创新创业教育的深度融合是当前高等职业院校创新创业教育的重要趋势之一。技术创新作为一个重要的驱动力，对高等职业院校创新创业教育产生了深远的影响。

技术创新为高等职业院校创新创业教育提供了丰富的资源和新的发展方向。当今时代，技术创新是推动社会进步和经济发展的重要动力之一。通过结合技术创新与创新创业教育，学生可以更好地理解和把握时代发展的脉搏，将技术创新与商业实践相结合，从而培养出更具创新精神和创业能力的人才。

技术创新为创新创业教育提供了更多样化的教学手段和教学资源。随着科技的发展，学校可以利用互联网、虚拟现实、人工智能等先进技术来开展创新创业教育，为学生提供更为丰富、生动的学习体验。通过在线课程、远程导师、虚拟实验室等方式，学生可以跨越时空的限制，获取更广阔的知识和资源，增强了创新创业教育的实效性和趣味性。

技术创新也为高等职业院校创新创业教育与产业的深度融合提供了有力支撑。在技术创新的推动下，创新创业教育更加贴近市场需求和产业发展，能够更好地培养适应时代潮流的创新型人才。学校可以通过与企业合作，开展技术创新项目，建立实践基地，为学生提供更丰富的实践机会和更广阔的发展平台。

技术创新也带来了一些挑战和问题。技术更新换代速度过快，教师和学生需要不断更新技术知识和应用能力，增加了教学和学习的压力。技术的普及和应用程度不均衡，可能造成信息不对称和资源不平等的现象，影响了学生的学习体验和教学效果。

针对技术创新对高等职业院校创新创业教育的影响，学校可以采取一系列措施来应对挑战和解决问题。加强教师的技术培训和能力提升，提升其应对新技术的能力和水平。推动创新创业教育与科技创新的深度融合，建立创新创业实验室、技术创新平台等，为学生提供更多的实践机会和创新资源。强化学生的技术素养，培养其信息获取、数据分析和问题解决能力，增强其应对技术挑战的能力。

技术创新对高等职业院校创新创业教育的影响是全面而深远的。技术创新为创新创业教育提供了丰富的资源和新的发展方向，丰富了教育的内容和形式，促进了教育与产业的融合。学校应积极应对技术创新带来的挑战，充分发挥技术创新的优势，提升创新创业教育的质量和效果，为学生的创新创业能力和竞争力的提升提供有力支持。

2. 创新创业项目对社会可持续发展的贡献

创新创业项目对社会可持续发展有着重要的贡献。这些项目不仅推动了经济增长和就业机会的增加，还促进了社会发展的可持续性。通过技术创新，高等职业院校创新创业教育在培养学生创新创业能力方面发挥着重要作用。

创新创业项目为社会可持续发展提供了新的思路和解决方案。这些项目着眼于解决社会和环境问题，致力于开发能够满足人们需求的新产品、新服务。通过创新创业项目，社会可以获得更多更有效的资源利用方式，提高资源的可持续利用和循环利用，从而实现社会的可持续发展。

创新创业项目在推动经济发展和就业增长方面发挥着关键作用。这些项目不仅为经济增加了新的动力，还为社会创造了更多的就业机会。创新创业项目的开展带动了相关产业链的发展，促进了技术和产业的升级换代，从而为社会提供更多的就业岗位和经济发展机会。

技术创新对高等职业院校创新创业教育产生了深远的影响。技术创新不仅改变了创新创业课程的内容和形式，也提升了学生的创业能力和竞争力。随着科技的发展，新兴技术不断涌现，如人工智能、大数据、区块链等，这些技术正在深刻地改变着各行各业的商业模式和运营方式。创新创业课程不再局限于传统的商业计划书编写和市场调研，而是涵盖了对新技术应用的探索和创新，使学生更加了解和掌握科技创新对创业的重要性。

技术创新推动了创新创业教育的方式和方法的更新。传统的课堂教学已经不能满足学生的需求，越来越多的高校采用了在线教育、实践教学等创新方式。例如，利用虚拟现实技术模拟创业环境，让学生身临其境地体验创业过程，提高了他们的实战能力和应变能力。技术创新也促进了教学资源的共享和互动，为学生提供了更广阔的学习空间和机会。

技术创新加速了创新创业教育与产业的深度融合。高等职业院校通过与企业合作，开设行业定制课程、实践项目等，使学生能够深入了解行业现状和需求，提前接触到实际工作中的挑战和机遇。技术创新也促进了学术界与产业界的紧密合作，加速了科研成果的转化和应用，为学生提供了更多的创业机会和平台。

创新创业项目和技术创新在促进社会可持续发展和推动高等职业院校创新创业教育方面发挥着不可替代的作用。它们共同推动着社会的进步和发展，为新时代的高等教育提供了更加广阔的发展空间和机遇。

第二节 政府政策与支持措施

一、政府对高等职业院校创新创业教育政策的制定与背景

(一)高等职业院校创新创业教育政策的制定过程

高等职业院校创新创业教育政策的制定过程是一个复杂而多层次的过程。政府部门通过对教育领域的全面评估，针对高等职业院校创新创业教育的现状和发展需求制定相应的政策方针。政府部门会组织相关专家和学者开展调研和论证工作，以收集各方面的意见和建议。这些专家和学者会就高等职业院校创新创业教育的特点、挑战和发展趋势进行深入研究，并提出改进建议。

接下来，政府部门会与高等职业院校、教育专家、行业企业等相关利益方展开沟通和协商，共同商讨制定创新创业教育政策的具体内容和实施方案。这一过程通常包括召开座谈会、研讨会和听证会等形式，以充分听取各方意见，确保政策的全面性和科学性。

在政策制定的过程中，政府部门还会考虑到国内外创新创业教育的最新发展趋势和经验。通过对比分析和案例研究，政府部门可以根据其他国家和地区的成功经验和教训，为我国高等职业院校创新创业教育政策的制定提供参考和借鉴。

政府部门会将制定的创新创业教育政策向社会公布，并逐步实施和推进。政府部门将建立监督和评估机制，定期对政策实施效果进行评估和调整，以确保政策能够取得预期的效果并持续推动高等职业院校创新创业教育的发展。

高等职业院校创新创业教育政策的制定过程是一个复杂而系统的过程，需要政府部门、专家学者、高校和企业等多方合作，充分调动各方积极性和创造力，共同推动高等职业院校创新创业教育事业的发展。

(二)国家对高等职业院校创新创业教育的定位与期望

高等职业院校创新创业教育在国家层面的定位和期望至关重要。国家对创新创业教育的定位和期望直接影响着教育政策、资源投入以及教育机构的发展方向和目标。国家期望高等职业院校创新创业教育能够成为培养创新人才、推动经济发展和社会进步的重要平台和载体。

国家将高等职业院校创新创业教育定位为促进创新创业能力的培养。国家期望高等职业院校通过创新创业教育，培养学生的创新意识、创业精神和实践能力，使他们具备创新创业的基本素养和技能。这不仅有助于满足社会对创新型人才的需求，还能够推动科技进步和产业升级，促进经济发展和社会进步。

国家期望高等职业院校创新创业教育能够促进就业和创业。随着经济结构调整和就业形势的变化，国家鼓励高等职业院校开展创新创业教育，为学生提供更广阔的就业和创业空间。通过创新创业教育，国家希望学生能够具备自主创新创业的能力和意愿，成为社会高质量发展的驱动力。

国家对高等职业院校创新创业教育的定位还包括培育创新文化和创业环境。国家期望高等职业

院校通过创新创业教育，培养学生积极进取、勇于探索、敢于创新的精神，营造良好的创新创业氛围和生态环境。这样的环境有助于激发学生的创新潜能和创业热情，为社会创新创业提供持续的动力和源泉。

国家还期望高等职业院校创新创业教育能够促进区域经济发展和社会稳定。国家鼓励高等职业院校与地方政府、企业等相关机构合作，共同推动创新创业教育，促进区域创新创业资源的整合和优化配置，加快区域经济结构调整和产业升级，提升地方经济的竞争力和可持续发展能力。

国家对高等职业院校创新创业教育的定位和期望体现了国家对人才培养、经济发展和社会进步的战略意图和长远考量。高等职业院校应当积极响应国家的号召，加强创新创业教育的建设和实践，努力培养更多具有创新意识和创业精神的人才，为国家经济发展和社会进步做出更大的贡献。

1. 国家对高等职业院校创新创业教育的定位

高等职业院校创新创业教育在国家层面的定位至关重要。国家对高等职业院校创新创业教育的定位是指国家对其在教育体系中的地位、角色和发展方向的认定和界定。这一定位直接影响着高等职业院校创新创业教育的发展方向、政策支持以及社会认可程度。

国家将高等职业院校创新创业教育定位为培养创新人才和推动经济发展的重要途径。高等职业院校被视为培养应用型、技术型人才的重要基地，而创新创业教育则被视为提升学生创新意识和创业能力的关键途径之一。国家重视创新创业教育，是因为它能够促进科技创新、推动产业升级、激发创业活力，对于经济社会的可持续发展具有重要意义。

国家将高等职业院校创新创业教育定位为服务于国家战略需求的重要组成部分。随着经济结构调整和产业转型升级，国家对于创新创业人才的需求日益增加。高等职业院校创新创业教育被视为满足国家经济发展战略需求的关键环节，其培养的创新人才将成为推动国家经济发展和科技进步的重要力量。

国家将高等职业院校创新创业教育定位为提升国家创新竞争力的重要手段。在全球化背景下，创新能力成为国家竞争力的重要标志之一。高等职业院校创新创业教育被视为培养创新人才、推动科技创新、提升国家创新竞争力的重要途径。国家通过制定政策、加大投入、加强合作等方式，积极推动高等职业院校创新创业教育的发展，以提升国家整体创新能力和核心竞争力。

国家对高等职业院校创新创业教育的定位体现了对创新、创业和人才培养的重视和支持。国家将其视为推动经济社会发展的重要力量，为其提供政策支持和资源保障，以期培养更多具有创新精神和创业能力的人才，推动经济结构转型升级，增强国家的竞争力和可持续发展能力。

2. 国家对高等职业院校创新创业教育的期望

国家对高等职业院校创新创业教育寄予厚望，这体现了社会对教育的期待和对未来人才的需求。国家期望高等职业院校通过创新创业教育，培养出具有创新精神、实践能力和社会责任感的优秀人才，以推动经济社会的持续发展。国家期望高等职业院校创新创业教育能够培养学生的创新意识和创新能力。随着经济社会的快速发展和科技进步，创新已成为推动社会进步和经济增长的重要动力。国家希望高等职业院校通过创新创业教育，激发学生的创新潜能，培养他们勇于探索、勇于创新的精神，为社会的发展注入源源不断的创新动力。

国家期望高等职业院校创新创业教育能够促进人才培养与产业需求的对接。随着经济结构的转型和产业升级，人才市场对创新型、应用型人才的需求日益增加。国家希望高等职业院校能够通过创新创业教育，培养出适应社会发展需要、具有实践能力和创业精神的高素质人才，为产业发展提供有力支撑。

国家也期望高等职业院校创新创业教育能够培养学生的社会责任感和团队合作精神。在当今社会，人才不仅需要具备专业技能，更需要具备良好的道德素养和团队合作能力。国家希望高等职业院校能够通过创新创业教育，培养学生树立正确的价值观，注重社会责任，强化团队合作意识，为构建和谐社会、实现全面可持续发展做出贡献。

国家期望高等职业院校创新创业教育能够推动教育改革和发展。创新创业教育是教育改革的重要内容之一，对于推动教育体制机制改革、促进教育质量提升具有重要意义。国家希望高等职业院校能够不断探索创新创业教育的有效模式和方法，促进教育教学改革，提高教育质量和水平。

国家对高等职业院校创新创业教育寄予厚望，希望通过这一教育模式培养出适应时代发展需要、具有创新精神和实践能力的优秀人才，为社会经济的持续发展和进步做出积极贡献。

(三)政府政策对高等职业院校创新创业教育的导向思想

政府政策对高等职业院校创新创业教育的导向思想是促进经济发展、推动社会进步的关键因素之一。政府制定的政策和导向思想直接影响着高等职业院校创新创业教育的发展方向、教育内容以及培养目标。政府政策强调创新创业教育的重要性和紧迫性。政府认识到创新创业是推动经济发展和社会进步的重要动力，因此将创新创业教育纳入了国家发展战略和教育改革的重要议程。政府政策鼓励高等职业院校加强创新创业教育，培养更多具有创新精神和创业能力的人才，为经济的可持续发展和社会的长期稳定打下坚实基础。

政府政策强调创新创业教育的实践导向和市场导向。政府倡导高等职业院校与企业、产业界密切合作，将创新创业教育与市场需求和产业发展紧密结合起来，推动科技创新成果转化和产业技术升级。政府政策鼓励高等职业院校开展产学研合作，建立校企合作基地和科技园区，为学生提供更多的实践机会和创业平台，激发其创新创业的热情和活力。

政府政策强调创新创业教育的多元化和个性化。政府鼓励高等职业院校积极探索创新创业教育的新模式和新途径，推动教育内容和教学方法的创新和改革。政府政策支持高等职业院校开设创新创业专业、设立创业基金、组织创业竞赛等活动，为学生提供更丰富、更多样的学习机会和发展空间，满足不同学生的个性化需求和创业愿望。

政府政策强调创新创业教育的全面发展和可持续发展。政府重视创新创业教育的长远规划和战略部署，鼓励高等职业院校不断加强教育质量和水平，提升创新创业教育的影响力和竞争力。政府政策倡导高等职业院校加强与国际接轨，吸引国际先进创新创业教育资源，促进创新创业教育的国际化发展，为培养更具竞争力和国际视野的创新创业人才奠定坚实基础。

政府政策对高等职业院校创新创业教育的导向思想体现了国家对人才培养、经济发展和社会进步的战略意图和长远考量。政府政策的明确导向和有力支持为高等职业院校创新创业教育的发展提供了重要保障和助力，也为推动国家经济的转型升级和社会的长期稳定做出了积极贡献。高等职业院校应当积极响应政府政策，深化创新创业教育改革，努力培养更多具有创新创业精神和实践能力的优秀人才，为国家发展和民族复兴做出应有的贡献。

二、政府支持高等职业院校创新创业教育的具体措施与效果

政府在支持高等职业院校创新创业教育方面采取了如下具体措施，旨在促进创新创业教育的发展，培养更多具有创新创业精神和实践能力的优秀人才。这些措施的实施对高等职业院校创新创业教育产生了积极的效果。

政府加大了对创新创业教育的投入和支持力度。通过增加财政投入、设立专项资金和补助政策等方式，政府为高等职业院校提供了更多的资金支持，用于改善教学条件、培训师资队伍、开展创新创业活动。这些资金的投入有效促进了创新创业教育资源的优化配置和教育质量的提升。

政府鼓励高等职业院校与企业、社会组织开展深度合作。政府通过建立产学研合作机制、推动校企合作基地建设、设立创业孵化器等方式，鼓励学校与企业、社会组织开展深度合作，共同推动创新创业教育的发展。这种合作模式有效地促进了创新创业教育资源的共享和实践环境的改善。

政府加强了创新创业教育政策的制定和落实。政府通过颁布相关法律法规、出台政策文件和指导意见等方式，明确创新创业教育的政策导向和发展目标，为高等职业院校创新创业教育提供了法律保障和政策支持，为创新创业教育的规范化发展提供了有力的保障。

政府还鼓励高等职业院校开展创新创业教育的国际交流与合作。政府通过建立国际合作交流平台、开展国际创新创业项目、推动国际交流合作等方式，促进高等职业院校与国际先进教育机构和企业的交流与合作，引进国外先进的创新创业教育资源和经验，丰富了创新创业教育的内容和形式，提升了教育质量和国际影响力。

政府支持高等职业院校创新创业教育的具体措施包括增加财政投入、鼓励校企合作、加强政策支持和推动国际交流合作等方面。这些措施的实施促进了创新创业教育资源的优化配置和教育质量的提升，促进了创新创业教育与产业发展的紧密结合，培养了大批具有创新创业精神和实践能力的优秀人才，为国家的经济发展和社会进步做出了重要贡献。

(一)财政支持政策

政府通过财政支持政策来支持高等职业院校创新创业教育。这些具体措施包括资金投入、税收优惠、政府补贴等方面。

资金投入是其中最主要的方式之一。政府会向高等职业院校提供专项资金用于创新创业教育项目的开展，包括教学设施建设、创业实践基地建设、创新创业竞赛组织等方面。政府还会给予创新创业教育相关企业一定的税收优惠政策，鼓励企业加大对高等职业院校的捐赠和赞助，以支持院校创新创业教育项目的开展。政府还会通过政府补贴等方式，直接向学生提供创新创业教育奖学金和资助，减轻学生的经济压力，鼓励更多的学生参与到创新创业教育中来。这些具体措施有效地促进了高等职业院校创新创业教育的发展。

学校获得的资金投入大大提升了创新创业教育的质量和水平，加强了实践基地和实验室的建设，丰富了创业教育的内容和形式。税收优惠政策激发了企业参与创新创业教育的积极性，加强了与高校的合作。学生得到的奖学金和资助提高了他们参与创新创业教育的热情，提升了其创新创业的能力和素质。

总体来看，政府的财政支持政策对高等职业院校创新创业教育的发展起到了积极的推动作用，促进了创新创业教育的不断改善和完善，为人才培养和经济发展做出了积极的贡献。

（二）法律法规体系的建设

法律法规体系的建设对于政府支持高等职业院校创新创业教育至关重要。政府通过制定和完善相关法律法规，为高等职业院校创新创业教育提供了政策支持和制度保障。政府出台了一系列法律法规，明确了高等职业院校创新创业教育的政策导向和发展目标。这些法律法规为高等职业院校提供了明确的指导和规范，为创新创业教育的开展提供了制度保障和政策支持。

政府通过财政支持和投入，积极推动高等职业院校创新创业教育的发展。政府每年都会拨款支持高等职业院校开展创新创业教育项目，资助学校购置教学设备、组织创业竞赛，为学生提供更多的创新创业机会和资源支持。

政府还加强了对高等职业院校创新创业教育的监督和评估。相关部门会定期对高等职业院校的创新创业教育工作进行检查和评估，督促学校落实创新创业教育政策，推动教育教学质量的提升。

政府还鼓励和支持高等职业院校与企业、社会组织等开展合作，共同推动创新创业教育的发展。政府出台了一系列政策措施，鼓励企业向高等职业院校捐赠设备、提供实习实训岗位，促进校企合作，培养学生的创新创业能力和实践能力。

这些政府支持措施的实施，取得了显著的效果。高等职业院校创新创业教育的开展得到了有效推动，学生参与创新创业活动的积极性和创造力得到了有效释放。一大批优秀的创业团队和创新项目涌现出来，为社会经济的发展和进步注入了新的活力和动力。

政府支持高等职业院校创新创业教育的具体措施包括法律法规体系的建设、财政支持、监督评估和校企合作等方面。这些措施为高等职业院校创新创业教育的发展提供了重要支持和保障，取得了显著的成效，为培养更多创新创业人才、推动经济社会的持续发展做出了积极贡献。

1. 创新创业教育法规的修订

创新创业教育法规的修订是政府支持高等职业院校创新创业教育的重要举措之一。随着经济结构调整和产业升级的加速推进，创新创业教育法规的修订成为顺应时代潮流、推动人才培养的迫切需要。政府通过修订创新创业教育法规，为高等职业院校创新创业教育的发展提供了明确的政策导向和有力的法律保障。创新创业教育法规的修订重点强调了创新创业教育的重要性和紧迫性。政府通过法规的修订，将创新创业教育纳入国家发展战略和教育改革的重要议程，提升了创新创业教育的地位和作用。修订后的法规明确规定了高等职业院校开展创新创业教育的任务和责任，要求各级政府和教育部门加大对创新创业教育的支持力度，为创新创业教育的全面推进提供了坚实的政策基础。

创新创业教育法规的修订强调了创新创业教育的实践导向和市场导向。政府通过法规的修订，鼓励高等职业院校与企业、产业界开展深度合作，推动创新创业教育与市场需求和产业发展紧密结合，促进科技创新成果转化和产业技术升级。修订后的法规明确要求高等职业院校加强产学研合作，开展实践性强、贴近市场的创新创业教育项目，为学生提供更广阔的实践机会和更丰富的创业资源，激发其创新创业的热情和动力。

创新创业教育法规的修订着重强调了创新创业教育的个性化和多元化。政府通过法规的修订，鼓励高等职业院校探索创新创业教育的新模式和新途径，支持院校开设创新创业专业、设立创业孵化器、组织创业大赛等活动，为学生提供更多样化的学习机会和发展空间，满足不同学生的个性化需求和创业愿望。修订后的法规明确要求高等职业院校根据学生的兴趣和特长，设计个性化的创新创业教育方案，激发其创新创业潜能，培养其创业意识和创新能力。

创新创业教育法规的修订强调了创新创业教育的全面发展和可持续发展。政府通过法规的修订，鼓励高等职业院校加强教育质量和水平建设，提升创新创业教育的影响力和竞争力。修订后的法规明确要求高等职业院校不断创新教学内容和教学方法，推动创新创业教育的国际化发展，引入国际先进创新创业教育资源，培养更具竞争力和国际视野的创新创业人才。政府还加大了对创新创业教育的投入和支持力度，为创新创业教育的长期发展提供了有力保障和持续动力。

创新创业教育法规的修订是政府支持高等职业院校创新创业教育的重要举措，具体措施和效果体现在多个方面。强调创新创业教育的重要性和紧迫性、实践导向和市场导向、个性化和多元化、全面发展和可持续发展。这些措施和效果为高等职业院校创新创业教育的发展提供了有力保障和坚实基础，为培养更多具有创新创业精神和实践能力的优秀人才做出了积极贡献。

2. 创新创业教育政策的法治化

创新创业教育政策的法治化是政府支持高等职业院校创新创业教育的重要举措之一。这意味着政府将创新创业教育纳入法律法规体系，通过法律手段明确政策目标、措施和责任，保障创新创业教育的有序发展和有效实施。

具体措施包括制定相关法律法规、政策文件和规范性文件，明确创新创业教育的目标、内容、程序和评价标准；政府还建立了创新创业教育的政策执行机构和监督机制，加强对创新创业教育的组织、管理和评估。政府还加强了对创新创业教育相关机构和人员的培训和考核，提高了教育质量和水平。

这些措施带来了显著的效果。创新创业教育政策的法治化提升了政策的稳定性和可预期性，为高等职业院校创新创业教育提供了可靠的政策支持和法律保障。学校和相关机构在开展创新创业教育活动时能够依法依规操作，确保教育的合法性和规范性。

创新创业教育政策的法治化促进了教育资源的合理配置和有效利用。政府制定的政策文件明确了教育资源的分配原则和标准，确保资源向创新创业教育领域倾斜，优化了教育资源的配置结构，提高了资源利用效率和教育质量。

创新创业教育政策的法治化促进了教育管理体制的完善和规范化。政府加强了对教育管理机构和教育工作者的监督和管理，规范了教育行为和教育管理程序，提升了教育管理的科学性和规范性。

创新创业教育政策的法治化增强了创新创业教育的社会认可度和影响力。政府通过法律法规的制定和实施，向社会传递了政府对创新创业教育的重视和支持，增强了公众对创新创业教育的信心和认可，推动了创新创业教育的社会化和市场化发展。

创新创业教育政策的法治化是政府支持高等职业院校创新创业教育的重要举措，其具体措施和效果体现了政府对创新创业教育的高度重视和积极推动，为创新创业教育的持续健康发展提供了坚实的制度保障和政策支持。

第三节 高等职业院校创新创业教育的发展策略

一、战略定位与目标制定

高等职业院校创新创业教育的发展策略的核心在于明确战略定位与目标制定。战略定位意味着确定学校在创新创业教育领域的地位和方向，而目标制定则是为实现这一定位而制定具体的发展目标和计划。

战略定位应紧密结合学校的办学定位和特色。高等职业院校作为为社会培养应用型人才的重要基地，其创新创业教育应突出实践导向和市场导向，以培养具有创新精神和实践能力的应用型人才为主要目标。学校应根据自身特点和地域优势，确定在哪些领域和行业开展创新创业教育，明确办学方向和定位。

战略定位应充分考虑社会需求和行业发展趋势。学校应对社会需求和行业发展趋势进行深入调研和分析，了解当前创新创业领域的热点和趋势，确定符合市场需求和学生就业需求的创新创业教育方向，为学生提供与时俱进的教育资源和培训服务。

战略定位应注重国家政策和产业政策的导向。高等职业院校创新创业教育的发展应与国家经济发展战略和产业政策相一致，积极响应国家政策号召，培养符合国家产业需求和科技创新方向的高素质创新创业人才，促进创新创业教育与国家发展战略的紧密结合。

目标制定方面，学校应根据战略定位和发展需要，制定具体、可衡量的发展目标和计划。这些目标应当与学校的办学定位和特色相一致，明确创新创业教育的发展方向和重点，同时考虑到社会需求和行业趋势的变化，灵活调整和优化目标和计划，确保学校创新创业教育的持续发展和跟进。

目标制定还应注重质量和效益。学校应设定提升教育质量和服务水平、提高学生就业率和创业成功率等方面的具体目标，不断提高创新创业教育的质量和水平，实现教育水平和社会效益的双赢。

高等职业院校创新创业教育的发展策略的战略定位和目标制定是学校推动创新创业教育持续发展的重要环节。通过明确战略定位和制定具体目标，学校能够更好地把握发展方向，有效提升创新创业教育的质量和影响力，为培养更多具有创新创业精神和实践能力的优秀人才做出积极贡献。

(一)高等职业院校创新创业教育的战略定位

高等职业院校创新创业教育的战略定位至关重要。它直接关系到学校的办学方向、人才培养目标以及社会责任担当。在当今快速变化的社会和经济环境中，高等职业院校创新创业教育的战略定位应当与时俱进，紧密结合国家发展战略和产业需求，致力于培养创新型人才、促进产业升级和社会进步。

高等职业院校创新创业教育的战略定位应当突出人才培养的核心地位。学校应当以培养创新创业人才为中心，注重学生的创新意识、创业精神和实践能力的培养。通过开设相关课程、组织创业实践活动、建立创业导师制度等方式，激发学生的创新潜能和创业热情，培养具有全面发展素质和创新创业能力的高素质人才。

高等职业院校创新创业教育的战略定位应当紧密结合产业需求和社会发展。学校应当深入了解产业发展趋势和市场需求，与行业企业进行深度合作，调整教育教学内容，打造与时俱进的创新创业教育体系。学校还应当加强创新创业教育与科技创新的结合，推动科技成果的转化和应用，促进产业升级和经济发展。

高等职业院校创新创业教育的战略定位应当注重学校的社会责任和使命担当。学校作为全面建设社会主义现代化国家的重要力量，应当积极承担起培养创新人才、服务地方经济发展的重要责任。通过创新创业教育，学校可以为地方产业发展提供智力支持和人才保障，促进区域经济的稳定增长和社会的和谐进步。

高等职业院校创新创业教育的战略定位应当注重与国际接轨和全球竞争。随着全球化进程的加速推进，学校应当加强国际交流与合作，吸引国际先进教育资源，拓展学生的国际视野和全球竞争力。通过开展国际化的创新创业教育项目、参与国际创新创业大赛等活动，学校可以培养具有国际竞争力的创新创业人才，为国家经济发展和社会进步做出更大的贡献。

高等职业院校创新创业教育的战略定位应当围绕人才培养、产业需求、社会责任和国际竞争等方面展开，紧密结合国家发展战略和社会发展需求，坚持问题导向、目标导向，推动创新创业教育向更高水平、更广领域迈进，为经济转型升级和社会长期稳定做出积极贡献。

(二)制定创新创业教育的长远发展目标

制定创新创业教育的长远发展目标是高等职业院校为推动创新创业教育发展所需的关键举措。这一目标旨在为未来高等职业院校的创新创业教育发展提供明确的方向和目标，以便更好地适应社会经济发展的需求，并为学生提供更好的创新创业能力培养。发展创新创业教育的长远目标包括提高学生的创新创业能力，培养具有创新精神和创业意识的人才，促进科技创新和产业发展。为实现这一目标，高等职业院校需要制定切实可行的发展策略，以确保创新创业教育能够适应不断变化的社会和经济环境，推动学生在创新创业领域取得更好的发展。

发展策略包括但不限于以下几个方面。高等职业院校需要加强师资队伍建设，培养一支具有丰富创新创业经验和教育理念的专业教师团队。这些教师应具备创新创业实践经验，能够引导学生进行创新创业项目实践，并不断更新教学内容和方法，以适应快速变化的创新创业环境。

高等职业院校需要构建多层次、多样化的创新创业教育体系，包括开设创新创业相关课程、建立创新创业实践基地和孵化器，实行创新创业导师制度等。这些举措将为学生提供全方位的创新创业培训和支持，帮助他们更好地理解创新创业的本质和要求，提高创新创业能力。

高等职业院校应加强与企业和产业界的合作，积极开展产学研结合的创新创业实践项目。通过与企业合作开展创新创业项目，学生能够更好地了解实际创新创业的运作模式和要素，提高创业的成功率和效果，促进科技成果的转化和应用。

高等职业院校需要加强创新创业教育的评估和监测机制，建立完善的评价体系，及时发现和解决创新创业教育中存在的问题和挑战。定期评估学生的创新创业能力和水平，为学生提供个性化的成长指导和支持，不断优化创新创业教育的内容和方式。

制定创新创业教育的长远发展目标并贯彻实施相关发展策略，对于高等职业院校推动创新创业教育的发展具有重要意义。通过不断完善创新创业教育体系和机制，培养更多具有创新精神和创业意识的人才，为社会经济的可持续发展和进步做出积极贡献。

(三)高等职业院校创新创业教育的重要价值

高等职业院校创新创业教育的核心价值在于培养学生的创新精神和创业能力，促进他们在未来的职业生涯中实现个人发展和社会价值。这一教育模式的关键在于激发学生的创造力和创新思维，培养他们适应社会发展需求的能力。

创新创业教育的重要价值之一是为学生提供实践机会和创业平台。通过实践项目和创业实践课程，学生可以在真实的环境中探索创新创业的过程，锻炼解决问题的能力和团队合作精神。这种实践性的教育可以帮助学生将理论知识与实践技能相结合，为他们将来的职业发展打下坚实基础。

另一个重要价值是培养学生的创新思维和创业精神。高等职业院校创新创业教育致力于激发学生的创新意识和创业激情，鼓励他们勇于尝试、勇于创新。通过开展创新创业课程和项目，学生可以培养独立思考、勇于挑战传统的能力，培养他们成为未来社会的创新引领者和创业领域的优秀从业者。

创新创业教育的发展策略包括多方面的措施和方法。高等职业院校应加强课程设置和教学内容的更新与完善。通过设计专业的创新创业课程体系，覆盖创新创业的各个环节和领域，培养学生的全面素质和创业技能。

高等职业院校需要加强师资队伍建设，培养一支专业化、高水平的创新创业教师团队。教师们应具备丰富的实践经验和专业知识，能够指导学生从理论到实践的全过程，为他们提供专业的指导和支持。

高等职业院校应加强与企业和社会资源的合作与交流。通过与企业建立合作关系，开展双向互动，学校可以更好地了解市场需求和行业趋势，为学生提供更加贴近实际的创新创业教育。

高等职业院校还应积极拓展创新创业教育的国际合作与交流。借鉴国际先进经验和理念，加强国际交流与合作，促进创新创业教育的国际化发展，为学生提供更广阔的发展空间和更多的学习机会。

高等职业院校创新创业教育的核心价值在于培养学生的创新精神和创业能力，为他们未来的职业发展和社会价值创造提供了重要支持。通过多方面的发展策略和措施，高等职业院校可以不断提升创新创业教育的质量和水平，培养出更多具有创新意识和创业精神的优秀人才。

(四)高等职业院校创新创业教育的特色

高等职业院校创新创业教育的特色是其立足于社会需求和产业发展的独特定位。高等职业院校以其灵活性和适应性为基础，注重培养学生实践能力和就业竞争力，具有以下特色。

注重实践导向。高等职业院校创新创业教育注重将理论知识与实践能力相结合，强调学以致用，培养学生动手能力和解决实际问题的能力。学校开设的创新创业课程和项目，注重实地考察、实验实训等实践环节，让学生通过实际操作和项目实践，深入了解创新创业的全过程，提升创业技能和创新能力。

强调行业导向。高等职业院校创新创业教育紧密结合行业需求和市场趋势，开设与行业紧密相关的创新创业专业和课程，设立行业导师和专业顾问，引导学生深入了解行业动态和发展趋势，培养与行业相适应的创新创业人才。学校与企业合作开展的创新创业项目和实践活动，通过产业链对接和技术创新，促进产业的发展和经济的增长。

突出个性化培养。高等职业院校创新创业教育注重学生个性化发展和创业潜能的挖掘，提供多样化的创新创业教育项目和服务，满足不同学生的需求和兴趣。学校鼓励学生参加创业实践、创新竞赛等活动，提供个性化的创业辅导和资源支持，激发学生创新创业的潜能，培养其独立创业的能力和意识。

强调跨学科融合。高等职业院校创新创业教育注重跨学科融合和综合能力培养，打破学科壁垒，促进不同学科之间的交叉与融合。学校开设的创新创业课程涵盖管理、经济、技术、设计等多个学科领域，培养学生的综合能力和跨领域合作意识。学校还鼓励学生参与跨学科团队合作的创新创业项目，培养团队协作精神和综合解决问题的能力。

高等职业院校创新创业教育的特色体现在实践导向、行业导向、个性化培养和跨学科融合等方面。学校在创新创业教育发展中，应根据学校自身定位和优势特色，制定切实可行的发展策略，深化与行业合作，推动实践教学创新，不断提升创新创业教育的质量和水平，为培养更多具有创新创业精神和实践能力的优秀人才做出积极贡献。

二、发展路径与资源整合

(一)发展多元化的课程体系

高等职业院校创新创业教育的发展策略之一是发展多元化的课程体系。这一策略对于培养学生的创新创业精神、拓展其视野、提升实践能力至关重要。多元化的课程体系应当根据学生需求、行业趋势和社会发展的要求来构建，以提供丰富多样的学习机会和发展空间为目标。多元化的课程体系应包含多领域的课程内容。除了管理学、经济学等基础课程外，还应涵盖与创新创业相关的技术课程、设计课程，以及市场营销课程等，此外，还有创意思维、项目管理等跨学科课程，以满足学生多方面的学习需求和兴趣。

多元化的课程体系应注重理论与实践相结合。课程设置应融合实践性强的课程设计，如实践课程、实训课程、实地考察等，让学生通过实践活动，将理论知识与实际操作相结合，提升其创新创业的实践能力和应用能力。

多元化的课程体系应强调行业导向和市场需求。课程设置应充分考虑行业发展趋势和市场需求，与企业、行业合作，开设与市场需求紧密相关的课程，为学生提供与时俱进的创新创业知识和技能培训，增强其在就业市场的竞争力。

多元化的课程体系应注重个性化培养。根据学生的兴趣特点和发展需求，设置个性化的选修课程或专业方向，为学生提供自主选择的空间，使其在感兴趣的领域深入学习和探索，激发其创新创业的热情和潜能。

多元化的课程体系应不断优化和更新。随着时代变迁和技术发展，课程体系应随之调整和完善，引入新的课程内容和教学方法，紧跟时代潮流和行业发展的步伐，保持课程的活力和吸引力。

发展多元化的课程体系是高等职业院校创新创业教育的重要发展策略之一。多元化的课程体系应包含多领域、理论与实践相结合、行业导向和个性化培养等特点，旨在为学生提供丰富多样的学习体验和发展空间，培养具有创新创业精神和实践能力的优秀人才。

(二)拓展创新创业实践项目

高等职业院校拓展创新创业实践项目是创新创业教育发展的重要策略之一。这一策略旨在丰富创新创业教育的内容和形式，提升学生的实践能力和创业素养，促进创新创业教育与实际产业的深度融合，从而更好地满足社会经济发展的需求。

拓展创新创业实践项目的发展策略主要包括以下几个方面。

建立多层次的创新创业实践项目体系。高等职业院校应该根据不同层次、不同学科的特点，建立起多样化的创新创业实践项目体系，包括基础实践项目、专业实践项目、跨学科实践项目等，以满足不同层次、不同类型学生的需求。

加强与企业和产业界的合作，开展实践项目的深度合作。高等职业院校应积极与企业和产业界合作，共同开展创新创业实践项目，包括创业实习、产学研合作、创新创业竞赛等，通过与实际产业的深度合作，使学生能够更好地了解市场需求和行业发展趋势，提高创新创业的实际能力。

注重跨学科合作，拓展创新创业实践项目的领域和范围。高等职业院校应鼓励不同学科、不同专业的学生开展跨学科的创新创业实践项目，促进知识和经验的交流与分享，培养学生的综合能力和创新思维。

加强创新创业实践项目的评估与反馈机制，持续优化项目设计和实施效果。高等职业院校应建立健全的评估与反馈机制，对创新创业实践项目进行全面、客观地评估，及时发现和解决存在的问题和不足，不断优化项目设计和实施效果，确保项目能够真正发挥创新创业教育的作用。

拓展创新创业实践项目是高等职业院校推动创新创业教育发展的重要策略之一。通过建立多层次的实践项目体系、加强与企业和产业界的合作、注重跨学科合作和加强评估与反馈机制，可以更好地培养学生的创新创业能力，促进创新创业教育与实际产业的深度融合，为学生的职业发展和社会经济发展提供有力支持。

1.实践项目的分类与设计

实践项目在高等职业院校创新创业教育中扮演着重要角色，是学生将理论知识转化为实际能力的重要途径。实践项目的分类与设计是促进创新创业教育发展的关键战略之一。

实践项目可以分为创新型项目和创业型项目。创新型项目侧重于学生的创新能力和科研能力培养，鼓励学生参与科研课题的探索和实践，培养他们的科学精神和创新意识。而创业型项目则注重学生的创业能力和实践能力培养，引导学生从创意到创业的全过程，锻炼他们的创业胆识和执行力。

实践项目的设计应考虑项目的实际情况和学生的特点，注重项目的专业性和实践性。项目设计应紧密结合学生的专业特长和兴趣爱好，选取符合实际需求的项目主题，引导学生深入探索和实践，培养他们解决实际问题的能力和创新思维。

另一个重要方面是实践项目的多样化和个性化。针对不同的学生群体和学科领域，可以设计科研项目、创业项目、社会实践项目等多样化实践项目，满足学生不同层次和需求的学习和成长。项目设计应充分考虑学生的个性差异，注重培养学生的自主学习能力和团队合作精神，激发他们的学习兴趣和创造力。

实践项目的设计还应注重项目的有效性和实用性。项目设计应注重结合实际需求和社会发展趋势，引导学生关注社会热点和行业前沿，培养他们解决实际问题的能力和创新意识，为他们未来的职业发展打下坚实基础。

实践项目的发展策略包括多方面的措施和方法。高等职业院校应加强实践项目的规划与设计，建立健全的项目管理体系，统筹规划和管理各类实践项目，确保项目的质量和效益。

高等职业院校需要加强师资队伍建设，培养一支专业化、高水平的实践项目指导团队。教师应具备丰富的实践经验和专业知识，能够为学生提供个性化的指导和支持，引导他们深入实践、独立探索。

高等职业院校还应加强与企业和社会资源的合作与交流。通过与企业建立合作关系，开展产学研合作和校企共建，为学生提供更广阔的实践平台和就业机会，促进学校与社会的深度融合。

实践项目的分类与设计是高等职业院校创新创业教育发展的重要策略之一。通过多样化、个性化的实践项目设计，可以有效提升学生的创新能力和创业精神，为他们未来职业发展奠定坚实基础。

2. 社会企业合作与创业实践项目

社会企业合作与创业实践项目是高等职业院校创新创业教育发展的重要策略之一。这种合作模式旨在促进学校与社会企业之间的紧密联系，为学生提供更具挑战性的创业机会，培养他们的创业精神和实践能力。社会企业合作为高等职业院校创新创业教育提供了丰富的资源和实践平台。通过与社会企业的合作，学校可以借鉴企业的实践经验和创新理念，为学生提供更丰富的创业资源和项目支持，拓展学生的创业视野和思路。

社会企业合作可以促进学校与社会的深度融合，实现资源共享和优势互补。通过与企业合作开展创业实践项目，学校可以更好地了解市场需求和行业趋势，为学生提供更贴近实际的创业实践机会，提升他们的创业技能和竞争力。

社会企业合作的发展策略包括多方面的措施和方法。高等职业院校应加强与社会企业的合作机制建设，建立长期稳定的合作关系，共同探索创新创业教育的新模式和新路径，推动创新创业教育的深度发展。

学校还应加强学生创业团队的培育和管理，鼓励学生参与创业实践项目，搭建创业平台和资源共享平台，提升学生的创业技能和团队合作精神，培养他们的创业意识和创新能力。

学校还应加强与政府部门和社会组织的合作与交流，共同探讨创新创业教育的政策支持和发展规划，推动创业教育的政策落地和实施，为创新创业教育提供更广阔的发展空间和更有利的政策环境。

社会企业合作与创业实践项目是高等职业院校创新创业教育发展的重要策略之一。通过与社会企业的深度合作，学校可以为学生提供更丰富的创业资源和实践平台，促进创新创业教育的深度发展。

参考文献

[1] 杨涛, 刘昕, 李晓晓. 高职院校涉农专业大学生创新创业案例研究[J]. 科技创业月刊, 2023, 36 (S1): 146-149.

[2] 徐炜, 张云蕊, 顾益. 创新创业教育背景下高职院校退伍大学生立体式发展模式研究[J]. 科技创业月刊, 2023, 36 (S1): 174-176.

[3] 孙育麟, 戴莉. 高职院校创新创业教育"三教"改革的路径研究与实践探索[J]. 林区教学, 2023, (12): 57-60.

[4] 李俊. 高职院校信息技术与创新创业教育融合分析与研究[J]. 牡丹江大学学报, 2023, 32 (11): 78-83.

[5] 饶欢. 高职院校"SYB+X"创新创业教育模式的构建研究[J]. 创新创业理论研究与实践, 2023, 6 (18): 67-69.

[6] 陈文伟, 孙伟清. 高职院校创新创业教育困境及改革策略研究[J]. 现代职业教育, 2023, (26): 149-152.

[7] 展凯, 于雯. 高职院校"劳创融合"课程体系构建研究[J]. 泰州职业技术学院学报, 2023, 23 (04): 12-14+88.

[8] 胡红坡. 高职院校汽车类专业教育与创新创业教育的融合机制研究[J]. 时代汽车, 2023, (11): 65-67.

[9] 付裕, 吴玮玮. 高职院校"互联网+"大学生创新创业大赛组织工作探索与研究——以陕西某高职院校为例[J]. 互联网周刊, 2023, (12): 76-78.

[10] 徐红. 创新创业教育理念下高职院校图书馆发展模式研究[J]. 造纸装备及材料, 2023, 52 (08): 193-195.

[11] 迟丽娟. 信息技术与创新创业教育深度融合的策略研究[J]. 牡丹江教育学院学报, 2023, (05): 18-20.

[12] 邹丽红. 面向创新创业能力培养的高职学生信息素养教育模式研究[J]. 广东职业技术教育与研究, 2023, (05): 52-56.

[13] 郑传娟, 陈晓晶, 刘嘉颖. 高职院校创新创业协同育人评价系统构建研究[J]. 广东职业技术教育与研究, 2023, (05): 122-128.

[14] 陶慧. 创新驱动战略视域下高职院校创新创业教育生态体系构建研究[J]. 创新创业理论研究与实践, 2023, 6 (10): 63-65.

[15] 覃贵芳, 廖旭升, 岑斌等. 高职院校创新创业教育研究与实践——以广西水利电力职业技术学院为例[J]. 装备制造技术, 2023, (05): 186-188.

[16] 师乐, 胡平. "大思政"理念下高职院校创新创业教育生态体系构建研究[J]. 职教通讯, 2023, (05): 65-71.

[17] 刘嘉慧. 创新创业教育背景下高职院校创新教育机制研究[J]. 现代商贸工业, 2023, 44 (11): 134-136.

[18] 祝艳华. 基于OBE教育理念的高职院校创新创业教育生态体系构建研究[J]. 湖北开放职业学院学报, 2023, 36（08）: 14-16.

[19] 王凤清, 王元, 相华文. 高职院校特色学生工作体系构建研究[J]. 江苏建筑职业技术学院学报, 2023, 23（01）: 81-84.

[20] 孙俊华, 李慧慧, 金丹. 高职院校的创新创业教育效果研究——基于CIEES数据的实证分析[J]. 教育经济评论, 2023, 8（01）: 112-128.